MATTHIAS MATTING
SAMSUNG
12:45
Mon, 24 February
SAMSUNG
GALAXY S5
Das inoffizielle Handbuch
Anleitung, Tipps, Tricks

Inhaltsverzeichnis

Liebe Leserin, lieber Leser,

Vielen Dank, dass Sie mein inoffizielles Handbuch zum Samsung Galaxy S5 gekauft haben. Vielleicht kennen Sie mich bereits als Autor des inoffiziellen Kindle-Handbuchs, das 2011 der Amazon-Bestseller des Jahres war. Ich hoffe, dass Ihnen dieses Buch zum Super-Smartphone Samsung Galaxy S5 ebenso gut gefällt. Mit Fragen oder Kritik erreichen Sie mich stets unter kindle@matting.de oder über www.facebook.de/SmartphoneHandbuch.

Nur dank der vielen Hinweise meiner Leser hat das inoffizielle Handbuch zum Kindle fast im Monatsrhythmus neue Auflagen erlebt. Diese Tradition wird weiterleben. Mit Ihrem Kaufbetrag haben Sie auch für dieses Buch quasi ein kostenloses Abonnement für das jeweils Neueste über Ihr nagelneues Handy erworben. Wenn Sie sich bei mir kurz per E-Mail oder über Facebook registrieren, schreibe ich Ihnen, wenn eine neue Auflage bereitliegt, die Sie dann gratis herunterladen können.

Es würde mich auch freuen, wenn Sie Ihre Erfahrungen mit diesem inoffiziellen Handbuch in Form einer Rezension mit anderen Lesern teilen.

Und damit verabschiede ich mich - bis zur zweiten Auflage, deren Erscheinen mit neuen Tipps sicher nicht lange auf sich warten lassen wird.

Viel Spaß mit dem Samsung Galaxy S5 wünscht: *Matthias Matting*

PS: Jetzt erhältlich: mein neuer Thriller "Beisha - Getötet" (www.beisha-getoetet.de).

PPS: Eine Ankündigung! Interessieren Sie sich für Fantasy-Literatur und exotische Orte? Testen Sie meinen neuen Roman Meltworld Shanghai (http://bit.ly/meltworld), der jetzt bei Amazon als esBook und Taschenbuch verfügbar (http://bit.ly/meltworld) ist (hier kaufen: http://bit.ly/meltworld) - eine Hörbuch-Ausgabe ist ebenfalls erhältlich. Unter www.meltworld-shanghai.de finden Sie weitere Informationen.

PPPS: Eine Einladung! Die Quantenphysik steckt voller überraschender, seltsamer, ja befremdlicher Phänomene, die sich dem gesunden Menschenverstand zu entziehen scheinen. Teilchen, die sich an mehreren Orten zugleich befinden, ein Vakuum, das nicht leer ist, Computer, die rechnen, ohne die Aufgabe zu kennen, Systeme, über Milliarden Lichtjahre getrennt, die sich trotzdem gleichzeitig verändern: Selbst berühmte Forscher meinen manchmal, die Quantenphysik müsse sich irren. Oder sei zumindest generell unverständlich. Dieses Buch versucht, das Gegenteil zu beweisen: Die faszinierende Welt der Quanten (http://bit.ly/quantenphysik)

PPPPS: Eine Vorstellung! Das Universum. Auch bekannt als Kosmos, Weltall, Weltraum. Geboren vor 13,75 Milliarden Jahren. Heute etwa 92 Milliarden Lichtjahre groß und 10 hoch 53 Kilogramm schwer. Heimat von Schwarzen Löchern, Riesensternen, Pulsaren, Quasaren, Neutronensternem, Galaxienhaufen, Nebeln – aber auch von Planeten und deren Monden sowie von Lebewesen wie dem Menschen. Woher kommt es? Unter welchen Umständen vollzog sich seine Geburt, welche faszinierenden Prozesse spielen sich seitdem in ihm ab? Wann und wie wird es sterben? Was die Wissenschaft darüber weiß, hat sich in den vergangenen Jahren dramatisch verändert. Die neue Biografie des Universums (http://bit.ly/biouniversum) klärt Sie darüber auf.

Vor dem Kauf

Vielleicht haben Sie dieses Handbuch bereits heruntergeladen, bevor Sie überhaupt Ihr neues Handy gekauft haben. Sehr clever! Doch auch wenn das Samsung Galaxy S5 bereits darauf wartet, ausgepackt zu werden, ist es nicht zu spät – zumindest, wenn Sie online eingekauft haben: Nach dem Fernabsatzgesetz können Sie Ihren Einkauf bis zu zwei Wochen lang rückgängig machen. Die wichtigste Frage ist: Brauchen Sie das Samsung Galaxy S5 überhaupt?

Das Samsung Galaxy S5 ist ein so genanntes Smartphone. Es ist bei weitem nicht das einzige Modell von Samsung. Aber der koreanische Hersteller setzt darin derzeit wohl seine größten Hoffnungen. Das Handy soll es mit dem iPhone aufnehmen – was trotz absoluter technischer Überlegenheit des Geräts keine leichte Aufgabe ist. Samsung verkauft zwar bereits längst weit mehr Handys als Apple. Doch bei einzelner Betrachtung liegt das iPhone 5s noch deutlich vor dem jeweiligen Galaxy-Spitzenmodell.

Warum ein Smartphone?

Was für Samsung überlebenswichtig ist, kann Ihnen als Kunde im Grunde egal sein. Wichtig ist: Ist es das richtige Gerät für Sie? Wenn Sie bisher noch kein Smartphone besessen haben, vielleicht vom großen, farbigen Bildschirm verführt wurden: Ein Smartphone trägt seinen Namen zurecht. Es kann weit mehr als ihr altes Tasten-Handy.

Natürlich können Sie damit auch noch telefonieren und SMS versenden. Doch wenn Sie weiterhin nur diese beiden Funktionen benötigen, ist das Samsung Galaxy S5 eigentlich eher eine Belastung als nützlich. Denn Sie müssen wissen, dass so ein Smartphone auch ein paar Nachteile hat: Es ist relativ groß und schwer – wobei das Galaxy S5 mit 145 Gramm noch einer der leichteren Vertreter seiner Kategorie ist. Um es zu bedienen, müssen Sie auf das Display sehen. Vor allem aber reicht der Akku nicht ein, zwei Wochen, wie Sie es vielleicht gewöhnt sind, sondern nur einen Tag lang. Wer nicht täglich Kontakt zur Steckdose sucht, läuft Gefahr, irgendwann mit leerem Akku dazustehen. Immerhin haben Sie beim S5, anders als etwa beim iPhone, die Möglichkeit, den Akku gegen einen Ersatz-Akku zu tauschen.

Was bietet Ihnen ein Smartphone zusätzlich, gewissermaßen im Tausch gegen die geringere Laufzeit? Kurz gesagt: das komplette Internet in Ihrer Hosentasche. E-Mails, Informationen jeder Art, das Wetter, Wechselkurse, kostenlose Kurznachrichten, YouTube-Videos. Dazu kommen die so genannten Apps: Programme und, sehr beliebt, Spiele für unterwegs. Das Smartphone ersetzt aber (beinahe) auch Ihren Fotoapparat und Ihren Camcorder. Unterwegs zeigt es Ihnen auch noch den Weg.

Warum Android?

Gemeinhin gilt Apple als Erfinder des Smartphones. Tatsächlich gab es aber auch vor dem iPhone bereits Handys mit entsprechenden Fähigkeiten, etwa von Microsoft oder Nokia. Allerdings kam es erst mit dem tastaturlosen Handy des Steve Jobs zum Durchbruch dieser Gerätekategorie. Android, ein wesentlich von Google entwickeltes System kam erst recht spät auf den Markt, erfreut sich heute jedoch großer Beliebtheit.

Mit seiner neuesten Version ist es in jeder Hinsicht ausgereift. Auch wenn Apple gern eine besonders simple Bedienung zugeschrieben wird – Android ist nicht wirklich komplizierter als Apples iOS-System. Dafür ist die Google-Software offener als die Konkurrenz. Das heißt,

Sie stecken nicht in einem von einer einzigen Firma kontrollierten System fest. Programme, die auf Ihrem Samsung Galaxy S5 laufen, funktionieren auch auf vielen anderen Android-Handys. Das gilt für Musik oder Videos aus dem Google-Marktplatz ebenso. Und Sie müssen nicht einmal beim Hersteller des Systems einkaufen – auch andere Anbieter, etwa Amazon, bieten neuen Stoff für Ihr Android-Smartphone.

Selbst wenn Sie einen Mac-Computer besitzen, bietet Ihnen ein iPhone kaum Vorteile. Android-Handys arbeiten problemlos mit MacOS zusammen. Sie können zwar Musik aus der Apple-Software iTunes nur mit ein paar Zusatzschritten auf Ihr Android-Handy bringen, doch ansonsten gibt es keine wesentlichen Nachteile.

Dasselbe gilt für Windows-Computer: Auch wenn das Windows-System für Handys “Windows Phone” heißt und damit eine perfekte Zusammenarbeit mit einem Windows-Rechner impliziert – tatsächlich lässt sich auch ein Android-Smartphone ohne Schwierigkeiten am Microsoft-System verwenden.

Trotzdem kann es Gründe geben, lieber nicht auf Android zu setzen. Wenn zum Beispiel ein Familienmitglied bereits ein Apple- oder Windows-Handy besitzt, könnten Sie all dessen digitale Anschaffungen (Musik, Apps...) und auch das entsprechende Zubehör kostenlos mitnutzen, wenn Sie beim selben System bleiben.

Vielleicht sind Sie auch auf die Nutzung ganz bestimmter Apps aus: Nicht alle Programme sind bereits in allen Marktplätzen erhältlich. Wenn eine App nur für iOS programmiert wurde, funktioniert sie auch nur auf einem Apple-Gerät. Sie können vorab unter play.google.com überprüfen, ob es die gesuchte App bereits für Android gibt. Zwar ist das inzwischen sehr wahrscheinlich, sicher ist es nicht.

Drittens darf ich Ihnen auch nicht verschweigen, dass die Offenheit des Android-Systems auch Gefahren mit sich bringt. Auf einem iPhone mit einer Schadsoftware infiziert zu werden, ist beinahe unmöglich. Auf einem Android-Smartphone sind gefährliche Programme zwar bei weitem nicht so verbreitet wie auf PCs, doch es gibt bereits den ein oder anderen Schädling. Da Sie Programme nicht nur aus der offiziellen Quelle “Google Play” beziehen, sondern sie auch aus den Weiten des Internets laden können, obliegt Ihnen mehr Verantwortung für die Sicherheit Ihres Systems.

Warum ein Samsung Galaxy S5?

Die Konkurrenz ist groß – und doch gibt es viele Gründe, die für ein Samsung Galaxy S5 sprechen. Sein 5,1 Zoll großer Bildschirm bietet FullHD-Auflösung, also 1920 x 1080 Punkte. Das ist genauso viel wie bei Ihrem neuen Flachbild-Fernseher im Wohnzimmer, doch auf viel kleinerer Fläche. Dadurch wirkt das Display enorm scharf. Der Prozessor kommt mit diesem Detailreichtum gut klar, man kann schön flüssig durch die Bildschirmansichten scrollen.

Große Mühe hat sich Samsung auch bei der Kamera gegeben: Sie bietet eine Auflösung von 16 Millionen Pixeln, das genügt auch für größere Abzüge. Samsung baut selbst auch echte Kameras, das bürgt für Qualität. Bei schlechten Lichtverhältnissen wird es allerdings kritisch – die einzelnen Pixel sind einfach zu klein, um nicht rauschempfindlich zu sein.

Der Sound, den die Lautsprecher von sich geben hat zwar keine Hifi-Qualität, ist aber im Rahmen dessen, was von einem Handy zu erwarten ist. Das Samsung Galaxy S5 ist trotz seiner Ausmaße überraschend leicht. Es liegt gut in der Hand – und auf dem Sofa dient es zusätzlich auch noch als Fernbedienung. Dank des eingebauten Infrarot-

Sensors kann es sogar die Sender auf dem TV umschalten.

Und schließlich ist das Galaxy S5 sogar wasserfest. Sie sollten damit zwar nicht schwimmen gehen, aber einen kräftigen Regenguss oder ein unerwartetes Bad in der Badewanne übersteht es ohne Schäden.

Welche Ausstattung?

Samsung lässt deutschen Käufern derzeit noch keine große Wahl: Das Handy ist nur in einer einzigen Variante erhältlich. Diese enthält 32 Gigabyte Speicher, die mit Hilfe von MicroSD-Speicherkarten erweiterbar sind. Als Farbvarianten bietet man Weiß und Schwarz – technische Unterschiede gibt es nicht.

Welcher Tarif?

Als Handybesitzer kennen Sie das schon: Ohne SIM-Karte können Sie das Gerät nur eingeschränkt benutzen. Das kleine Stück Plastik identifiziert Sie bei einem Mobilfunkbetreiber, der Ihnen je nach Vertrag Dienste zu bestimmten Leistungen bereitstellt. Das Samsung Galaxy S5 benötigt eine Micro-SIM. Dabei handelt es sich um eine kleinere Variante der SIM-Karten, die unter anderem auch das iPhone 4 oder das Samsung Galaxy S3 brauchen.

Falls Sie von Ihrem alten Handy noch eine größere SIM-Karte besitzen, suchen Sie am besten einen Laden Ihres Mobilfunk-Providers auf. Dort kann man Ihnen daraus eine Micro-SIM zurechtschneiden, und zwar kostenlos.

Falls Sie bisher noch kein Smartphone Ihr Eigen nannten, brauchen Sie jedoch noch mehr: Nämlich einen Daten-Vertrag. Das Samsung Galaxy S5, wie jedes Smartphone, läuft erst zur Höchstform auf, wenn es mit Daten aus dem

Netz gefüttert wird. Zwar ist das auch mit alten Verträgen oft schon möglich, kann aber dann sehr teuer sein. Sprechen Sie mit Ihrem Mobilfunkanbieter: Sie brauchen eine so genannte Daten-Flatrate. Für einen bestimmten, monatlichen Betrag können Sie dann eine feste Datenmenge nutzen. Haben Sie Ihr Kontingent ausgeschöpft, wird die Übertragungsgeschwindigkeit stark gebremst.

Ich empfehle wenigstens ein Kontingent von 500 Megabyte, besser noch ein oder zwei Gigabyte, falls Sie gern auch Videos aus dem Netz betrachten. Dafür zahlen Sie im Monat je nach Anbieter zwischen zehn und 20 Euro. Telefonate und SMS sind damit noch nicht abgegolten, dafür müssen Sie ebenfalls zahlen – eventuell ebenfalls in Form einer Flatrate. Was hier am günstigsten ist, hängt extrem von Ihrem Telefonie-Verhalten ab, allgemeine Ratschläge sind da schwer möglich. Wenn Sie mir Ihr konkretes Problem schildern, suche ich aber gern einen passenden Vertrag für Sie heraus!

Handy-Verträge, das wissen Sie vielleicht schon, gibt es in zwei Varianten: Als "Pre-Paid" und mit Vertragsbindung. Im ersten Fall zahlen Sie ein Guthaben ein, das Sie dann für SMS, Telefonate oder Daten nutzen können. Ist das Guthaben alle, funktioniert auf Ihrem Handy nichts Kostenpflichtiges mehr – Sie sind aber immer noch erreichbar. Eine längerfristige Bindung gibt es nicht. Schließen Sie hingegen einen 12- oder 24-Monats-Vertrag ab, sind Sie für diese Zeit gebunden. Ein früherer Ausstieg wird dann teuer. Vorteil ist, dass Sie im Austausch meist Ihr Smartphone günstiger bekommen. Natürlich schenkt man Ihnen dabei nichts: Sie zahlen das Handy damit gewissermaßen in Monatsraten ab. Sie können das Gerät während der Vertragslaufzeit auch meist nicht weitergeben, da es nur für Ihre SIM-Karte freigeschaltet ist.

Aber auch wenn Sie bereits ein Smartphone besaßen, sollten Sie bedenken, dass das Samsung Galaxy S5 in der Lage ist, den neuen, superschnellen Datenfunk LTE zu nutzen. Das ist zwar ein Vorteil – doch es führt ebenfalls dazu, dass Ihr Daten-Kontingent viel schneller erschöpft ist, jedenfalls wenn Sie LTE auch wirklich ausnutzen. Im Regelfall müssen Sie Ihren bestehenden Vertrag für LTE freischalten lassen. Ist Ihnen superschnelles Surfen so wichtig, sollten Sie dabei auch Ihr freies Datenvolumen erhöhen lassen (gegen eine zusätzliche Monatsgebühr).

Nützliches Zubehör

Auch die Zubehör-Hersteller versuchen natürlich, Ihnen ein paar Euro aus der Tasche zu locken. Was davon ist wirklich sinnvoll?

Im Grunde können Sie sich bei dieser Entscheidung am gesunden Menschenverstand orientieren. Worauf fällt Ihr Blick garantiert, wenn Sie Ihr Smartphone nutzen? Auf den Bildschirm, der mit einer Glasscheibe versehen ist. Autofahrer wissen, wie schlecht sich Glas und spitze Gegenstände vertragen. Den Bildschirm eines Handys auszuwechseln ist allerdings kaum billiger als gleich ein neues Smartphone zu kaufen. Deshalb sollten Sie das Display besonders gut schützen.

Dazu gibt es zwei Varianten: Schutzfolien schützen vor Kratzern (meine Tochter hat mal mit einem Kugelschreiber ohne Mine auf dem Bildschirm gezeichnet...), während Cover das komplette Gerät in Sicherheit bringen. Ich persönlich mag die Schutzfolien (ab 10 Euro pro Stück) nicht, aber das ist Geschmackssache.

Samsung liefert beim Samsung Galaxy S5 ein brauchbares Netzteil mit. Es liegt auch ein USB-Kabel bei, das Sie mit jedem handelsüblichen USB-Netzteil oder dem USB-Anschluss eines Computers verbinden können.

Sie wollen auf dem Handy auch mal längere Texte tippen? Dann brauchen Sie eine Tastatur, die sich per Bluetooth mit dem Smartphone verbindet. So wird das Tablet beinahe zum Notebook. Bluetooth-Tastaturen gibt es ab etwa 40 Euro. Es handelt sich dabei um Standard-Modelle, die nicht speziell für Ihr Smartphone entwickelt wurden. Das ist aber technisch kein Problem.

Wenn Sie schon mal mit dem Fingernagel auf das Display getippt haben, werden Sie es gemerkt haben: Der Touchscreen will blanke Haut, er reagiert nur auf Ihre Fingerkuppe. Das liegt an der Eingabe-Technik. Zwar eignen sich Wiener Würstchen durchaus als Eingabemedium (probieren Sie es mal!), doch Nutzer mit "Wurstfingern" wünschen sich vielleicht manchmal, zusätzlich zum Finger einen Stift nutzen zu können. Dazu brauchen Sie einen speziellen Eingabestift, der für solche kapazitiven Displays entwickelt wurde und für etwa 15 Euro zu haben ist.

Die Lautsprecher des Samsung Galaxy S5 sind nicht optimal. Auf separate, billige Mini-Lautsprecher sollten Sie trotzdem verzichten, damit gewinnen Sie nichts. Für gute Lautsprecher werden Sie leider etwas mehr investieren müssen. Am besten, Sie verbinden Ihr Handy bei Bedarf mit der HiFi-Anlage, entweder über den Kopfhörer-Ausgang oder über Bluetooth.

Das Samsung Galaxy S5 lässt sich problemlos mit Speicherkarten im MicroSD-Format erweitern. Für 32 Gigabyte müssen Sie mit weniger als 20 Euro rechnen. USB-Sticks oder USB-Festplatten nutzen Ihnen jedoch nichts. Doch es gibt eine Alternative zur Speichererweiterung: externe Festplatten, die sich per WLAN-Funk mit dem Handy verbinden. Für das Kingston WiDrive gibt es auch eine passende Android-App, die für den Datenaustausch mit dem externen Speicher zuständig ist. Das WiDrive besitzt einen eigenen Akku, sodass Sie das Gerät auch unterwegs mit Ihrem Handy nutzen können. Das WiDrive-Modell mit 32 Gigabyte kostet etwa 80 Euro, für 64 Gigabyte sind 120 Euro fällig. Von Seagate gibt es mit dem Modell GoFlex gleich 500 Gigabyte externen Speichers, der Sie um die 200 Euro kostet.

Zum Telefonieren benutzt manch Anwender gern ein Headset. Das Handy kann dann in der Tasche bleiben. Das ist bequemer und kostet ab 20 Euro. Per Bluetooth stellt das Headset die Verbindung her.

Das Smartphone taugt zusätzlich als mobiler TV-Empfänger (auch völlig ohne Netzanbindung, nämlich über DVB-T), wenn Sie ihm den iCube Tivizen Pico spendieren (40 Euro).

Sie haben Nachwuchs? Dann ist vielleicht der Withings Smart Baby Monitor eine nützliche Erweiterung (250 Euro).

Purer Luxus, aber trotzdem spannend ist hingegen die Parrot AR.Drone 2.0– ein Fluggerät mit zwei Kameras (300 Euro).

Die Grundlagen

Der erste Kontakt

Das Samsung Galaxy S5 wird in einer hübschen, aus Recycling-Papier hergestellten und mit Soja-Tinte bedruckten Schachtel geliefert. Darin finden Sie das Smartphone selbst, den Akku, Netzteil und USB-Kabel, Ohrhörer sowie eine Mini-Anleitung. Dieses "Handbuch" erklärt nur die Inbetriebnahme des Smartphones. Evtl. brauchen Sie dafür eine Brille, weil die Schrift so klein ist. Aber zum Glück können Sie die Schriftgröße dieses eBooks ja nach eigenem Bedarf ändern.

Fast wie bei Ikea müssen Sie Ihr Smartphone erst zusammensetzen, bevor Sie es benutzen können (die Folie über dem Bildschirm haben Sie ja bestimmt schon abgezogen?). Danach wird es auch leider nicht mehr ganz so leicht sein, wie es sich jetzt noch anfühlt. Nehmen Sie das Gerät so in die Hand, dass Sie seine rechte Seite betrachten können. Oben, über dem Power-Schalter, erkennen Sie zwischen dem silbernen Metallrahmen und der sich lederartig anfühlenden Plastik-Rückseite des Geräts eine kleine Aussparung. Wenn Sie vorsichtig mit dem Fingernagel in diese hineinfahren, lässt sich die Rückseite des Handys abnehmen. Keine Sorge, wenn Sie nicht zu viel Gewalt anwenden, geht nichts kaputt.

Betrachten Sie zunächst die federleichte Rückseite. Sie besitzt eine Art Gummieinsatz, den sie nicht beschädigen dürfen. Er ist Ihre Garantie, dass die Elektronik nicht beschädigt wird, wenn das Handy mal ins Wasser fällt. Die Abschirmung schützt nur die sensiblen Bereiche. Nach einem Tauchgang des S5 werden Sie dort keine Wassertropfen finden – außerhalb des unregelmäßigen Gummi-Vielecks aber schon.

Nun geht es ans Einsetzen von Akku, SIM und Speicherkarte ins Gerät. Wo oben ist, erkennen Sie leicht an der Linse der Kamera. Seitlich davon sehen Sie ein glänzendes Metallteil. Es ist eine Art Doppeldecker-Buchse: In der unteren Ebene nimmt es es MicroSIM-Karte auf, die Sie zum Telefonieren brauchen. Direkt darüber findet eine MicroSD-Speicherkarte Platz, die Sie mit den goldenen Kontakten in Richtung Gehäuse einschieben können (aber nicht müssen). Der Einschub besitzt einen Federmechanismus. Um die Karte wieder zu entfernen, brauchen Sie nur auf ihr Ende zu drücken. Die MicroSD brauchen Sie nicht unbedingt, die MicroSIM aber doch. Ohne SIM ist das S5 zwar nicht funktionslos, aber Sie können weder telefonieren noch simsen. Schieben Sie also nun Ihre MicroSIM mit den goldenen Kontakten nach unten von unten her in die untere flache Öffnung. Auch hier hilft ein Federmechanismus, die Karte bei Bedarf wieder zu entfernen.

Was nun noch fehlt, ist der Akku. Legen Sie ihn so in die Aussparung, dass Sie das Samsung-Logo aufrecht lesen können. Passen Sie die obere Seite zuerst ein, dann drücken Sie die untere Seite nach unten. Befestigen Sie zum Schluss die Abdeckung wieder. Die Aussparung für die Kamera verrät eindeutig, in welcher Orientierung sie aufzulegen ist. Pressen Sie dann alle Seiten gleichmäßig an, bis kein Spalt mehr zwischen Metall und Plastik zu sehen ist. Dabei sollten Sie sorgfältig arbeiten, sonst ist Ihr Handy nicht wie vom Hersteller versprochen wasserdicht.

Jetzt betrachten Sie Ihren Neuerwerb erst einmal gründlich. Wo das Samsung-Logo zu sehen ist, ist im Normalfall oben. Unter dem Bildschirm befindet sich eine große Taste, die Home-Taste. An der oberen Gehäuseseite finden Sie den Kopfhöreranschluss, die Einschalttaste liegt rechts. An der linken Seite des Handys haben die Designer den Lautstärke-Regler untergebracht. An der unteren Geräteseite verbirgt eine Klappe zwei weitere Buchsen. Die rechte dient zum Laden des Geräts und zur Datenübertragung vom und zum Computer. An ihr finden MicroUSB-Stecker Anschluss. Die linke hingegen überträgt Multimedia-Inhalte an andere Geräte, sie genügt dem MHL-Standard. Mit einem HDMI-Adapter können Sie zum Beispiel Ihren Fernseher damit verbinden.

Samsung liefert ein passendes Kabel mit, das Sie mit dem USB-Anschluss eines Computers oder des ebenfalls in der Packung befindlichen USB-Netzteils verbinden können. Der Hersteller empfiehlt zwar, den Akku zunächst voll aufzuladen, bevor Sie das Handy zum ersten Mal nutzen. Aus physikalischer Sicht gibt es jedoch keinen Grund, Ihre Ungeduld nicht zu befriedigen und eher zu beginnen. Nämlich die Einschalttaste zu drücken. Ein Tipp noch zu dieser: Wenn das Handy jemals eingefroren scheint und sich nichts mehr tut, drücken Sie bitte lange (das heißt 20 Sekunden) auf diese Taste. Dann startet das Gerät neu. Genau wie in diesem Moment.

Ihr neues Handy, das bemerken Sie spätestens in diesem Moment, besitzt einen Touchscreen als Display. Echte Tasten, wie Sie sie von Ihrem aktuellen Handy vielleicht noch kennen, finden Sie fast nicht mehr. Sie bedienen somit alle Tasten und Schaltflächen, die Sie jemals auf Ihrem Android-Smartphone finden werden, indem Sie mit Ihrem Finger einfach darauf tippen. Das funktioniert nur mit dem nackten Finger, nicht mit Handschuhen. Es muss ein direkter Hautkontakt bestehen, da diese Art von Touchscreen durch die elektrische Leitfähigkeit Ihres Körpers bedient wird – was kompliziert klingt, aber machen Sie sich darüber einfach keine Gedanken.

Software-Grundeinstellungen

Das Handy begrüßt Sie mit einem Willkommens-Bildschirm. Falls noch nicht die richtige Sprache ausgewählt ist, holen Sie das nach. Anschließend tippen Sie auf "Starten".

Nun dürfen Sie das Handy mit einem WLAN-Funknetz verbinden. Falls Sie eines besitzen, wählen Sie es per Fingertipp aus. Das ist zwar nicht unbedingt nötig, kann aber Geld sparen, falls Sie für Ihren mobilen Datenempfang nur ein knapp kalkuliertes Volumen gewählt haben. Wenn Sie bereits mit einem unverkabelten Computer (etwa Notebook oder iPad) im Internet surfen, dann besitzen Sie auch ein geeignetes WLAN. Nun müssen Sie nur noch dessen Namen herausfinden und das zugehörige Passwort in Erfahrung bringen.

Dieses Kennwort ist nicht mit dem Ihres Computers identisch. Vielmehr wurde es vom Hersteller Ihres WLAN-Routers voreingestellt oder aber von Ihnen oder einem Helfer beim Einrichten Ihres WLANs neu vergeben. Oft ist es auf der Unterseite des WLAN-Routers aufgedruckt oder im Router-Handbuch abgedruckt. Den Router finden Sie in der Nähe Ihres Telefonanschlusses, es handelt sich meist um eine kleine Plastikschachtel mit mehreren bunten Lämpchen. Manchmal wird es auch Netzwerk-Schlüssel, Passphrase, Security Key oder Netzwerk-Kennwort genannt. Wenn Sie das Kennwort auf keinem dieser Wege finden, müssen Sie sich mit Hilfe des Router-Handbuchs in die Verwaltungs-Oberfläche Ihres Routers einklinken - wie das genau funktioniert, ist von Modell zu Modell aber sehr verschieden.

Den Namen Ihres Funknetzes haben Sie bei dessen Einrichtung festgelegt. Wenn Sie die Vorgabe des Herstellers des WLAN-Routers verwendet haben, besteht er meist aus der Gerätebezeichnung und einem Code, etwa "EasyBox-1AD865" oder "Fritz!Box 3170". Sie konnten bei der Einrichtung aber auch völlig eigene Bezeichnungen einsetzen. Einige Hersteller drucken den Standard-Namen des WLANs auf die Unterseite des Routers oder ins Handbuch, er wird oft auch SSID genannt. Wenn Sie sich nicht mehr sicher sind, können Sie entweder nachsehen, mit welchem WLAN Ihr Computer verbunden ist oder auch einfach die vorhandenen WLANs mit Ihrem Kennwort durchprobieren.

Wenn die WLAN-Verbindung erfolgreich aufgebaut ist, tippen Sie auf "weiter". Im nächsten Schritt müssen Sie den Lizenzvertrag akzeptieren (es gibt keine andere Wahl, wenn Sie das Gerät nutzen wollen). Bei der Frage darunter, ob Sie Samsung Fehlerprotokolle senden möchten, dürfen Sie jedoch durchaus auch "Nein, danke" sagen (einen konkreten Nutzen haben Sie persönlich davon nicht – Sie helfen Samsung aber bei der Qualitätssicherung insgesamt).

Nach einem "weiter" fragt Sie das S5, ob Sie bereits ein Google-Konto besitzen. Sie kommen zwar auch ohne Google-Accont aus, aber empfehlenswert ist das wirklich nicht. Schon deshalb, weil Sie dann auch auf Apps aus dem Google-eigenen Onlineladen verzichten müssten. Also legen Sie ein Konto an oder tragen Sie brav Ihre Daten ein. Denken Sie daran, ein gutes Kennwort zu verwenden. Kennen Sie meinen Passwort-Trick schon? Ich überlege mir einen Satz, den ich mir gut merken kann, und bilde dann aus den Anfangsbuchstaben der Wörter ein Kennwort. Bei Zahlwörtern verwende ich die entsprechenden Ziffern. Aus "Ich überlege mir einen Satz, den ich mir gut merken kann" würde dann "Iüm1S,dimgmk". Ein solches Kennwort ist so gut wie unknackbar. Es sei denn, Ihr Satz kommt in jedem zweiten Text vor (meinen sollten Sie also nicht benutzen!).

Die Häkchen, ob Ihr Handy über dieses Konto gesichert werden soll, können Sie gern belassen. Bei einem Verlust des Geräts büßen Sie dadurch nicht auch Ihre Daten ein. Auch die Ortsdienste von Google sind nützlich. Ziehen Sie die Seite mit dem Finger nach unten, bis Sie den dicken Rechts-Pfeil sehen, und tippen Sie darauf. Sie können dem Handy nun Ihren Namen mitteilen, damit manche Apps Sie damit ansprechen können.

Danach möchte das S5, dass Sie ein Samsung-Konto anlegen. Sie können diesen Punkt zwar überspringen, doch einige nützliche Samsung-Apps bestehen darauf. Außerdem bietet Ihnen das Samsung-Konto die Möglichkeit, Ihr Handy auch noch aus der Ferne zu sperren, falls es Ihnen mal gestohlen wird. Also lassen Sie sich nicht lange bitten... Beim Geburtsdatum dürfen Sie gern schwindeln, die E-Mail-Adresse sollte korrekt sein.

Okay, erneut müssen Sie allen Bedingungen zustimmen, die Samsung Ihnen stellt.

Das war es aber noch nicht. Samsung bietet Ihnen ein Dropbox-Konto an, das generös mit 50 Gigabyte Speicher gefüllt ist (zumindest für die kommenden zwei Jahre). Dropbox ist ein Online-Speicher, in dem das S5 zum Beispiel Ihre Fotos ablegen kann. So stehen diese auf der ganzen Welt für Sie bereit, solange Sie nur eine Datenverbindung haben. Normalerweise gibt es von Dropbox nur wenige Gigabyte kostenlos. Wenn Sie bereits ein Konto bei dem Anbieter besitzen, werden die 50 Gigabyte auf Ihren bisherigen Speicherplatz aufgeschlagen. Sie sind jedoch nur für zwei Jahre kostenlos. Aber das ist im Internet eine Ewigkeit... Falls Sie sich für das Dropbox-Konto entschieden haben, offeriert Ihnen das S5 im folgenden Schritt, alle neuen Fotos automatisch dort hochzuladen. Keine schlechte Idee, finde ich. Dazu müssen Sie dem Handy dann noch den Zugriff erlauben.

Im beinahe letzten Schritt will das S5 selbst noch einen Namen haben – dieser ist zum Beispiel sichtbar, wenn Sie via Bluetooth-Funk Daten mit anderen Handys austauschen. Den einfachen Modus, den Ihnen das S5 anbietet, brauchen Sie erst einmal nicht. Tippen Sie dann auf “Beenden”.

Der Sperr- und der Start-Bildschirm

Endlich ist es so weit – Ihr neues Smartphone steht für Sie bereit – und wir können gemeinsam beginnen, uns mit all seinen Funktionen zu beschäftigen.

Tippen Sie am besten kurz auf die Ausschalttaste, damit wir unseren Rundgang an derselben Stelle beginnen. Wenn Sie nun erneut den Einschalter betätigen, zeigt Ihr Handy seinen Sperr-Bildschirm. Darauf sehen Sie eine Digitaluhr, darunter ein Wettersymbol, und unten verrät eine Laufschrift, wie es weiter geht: "...über den Bildschirm streichen". Später können Sie andere Entsperr-Methoden wählen, die zwar teils komplizierter, aber auch deutlich sicherer sind. Entsperren Sie das Handy erst einmal mit einem flinken Wischer.

Betrachten wir den Bildschirm ganz oben beginnend, mit der schmalen schwarzen Leiste, der Statusleiste. Sie zeigt, rechts beginnend, Uhrzeit, Akku-Ladestand, Netzwerkverbindungen (WLAN und Telefon), ein Lautsprecher-Symbol sowie eventuell ein Auge (falls Sie Smart Scroll aktiviert haben). Links daneben treffend dauernd kleine Symbole ein, die jeweils für eine Systemmeldung stehen. Wenn Sie in einem WLAN eingeloggt sind, tut sich hier schon einiges. Ziehen Sie die Leiste nach unten, um Details zu erfahren.

Das Handy möchte gern einige seiner Programme (Apps) aktualisieren, verraten die Textmeldungen. Lassen Sie ihm das Vergnügen. Danach können Sie diese Benachrichtigungen über das entsprechende Symbol löschen. Im Bereich darüber stellen Sie die Bildschirm-Helligkeit ein. Direkt über dieser Funktion sehen Sie die Knöpfe “S-Finder” und “Quick Connect”. Mit Hilfe von S-Finder können Sie nach Inhalten auf Ihrem Gerät suchen. Quick Connect verbindet das S5 drahtlos mit anderen Geräten (etwa TV oder Computer) in der Nähe.

Über die Iconleiste darüber können Sie einige der Fähigkeiten des Handys ein- und ausschalten, zum

Beispiel WLAN, GPS und so weiter. Rechts oben finden Sie ein geteiltes Viereck, das Ihnen die Konfiguration der Statusleiste ermöglicht. Vielleich wollen Sie ja lieber andere Funktionen schnell aktivieren.

Das Zahnrad am oberen Rand bringt Sie zum Einstellungsmenü. Das werden Sie oft benötigen. Sie können die Statusleiste nun mit dem Finger wieder nach oben schieben. Schneller geht es, und zwar immer, wenn Sie einfach den Home-Knopf drücken.

Auch die beiden Tasten links und rechts daneben sind nützlich. Sie sehen da keine Tasten? Keine Sorge, Ihr S5 ist nicht defekt. Die Tasten sind meist unsichtbar. Durch Berühren können Sie sie betätigen. Die linke Taste öffnet eine Übersicht aller gerade geöffneten Programme. Windows-Nutzer kennen sie vielleicht als Taskliste beziehungsweise Task-Manager. Wenn Ihr Handy mal nicht mehr so recht mag, laufen vielleicht zu viele Programme im Hintergrund. Rufen Sie dann die Programmübersicht auf, halten Sie den Finger länger auf einen der Mini-Bildschirme und schieben diesen aus dem Bild heraus. Dadurch wird das betreffende Programm komplett beendet. Über das Icon unten rechts können Sie auch sämtliche laufenden Programme auf einmal beenden. Das Symbol unten links hingegen verschafft Ihnen noch etwas mehr Übersicht, welche Programme gerade welchen Teil der Systemressourcen belegen.

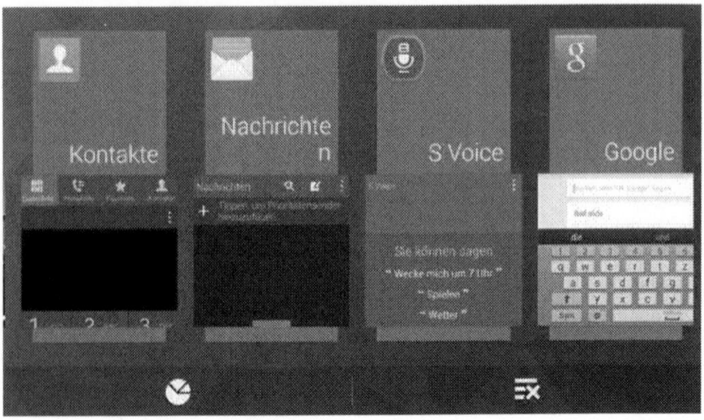

Die unsichtbare Taste rechts neben dem Home-Knopf führt Sie stets eine Ebene zurück. Wohin genau, das hängt davon ab, wo Sie vorher waren. Sie funktioniert also wie der Zurück-Knopf im Webbrowser. Solange Sie sich im Start-Bildschirm befinden, hat sie keine Funktion.

Der Home-Knopf bringt Sie nicht nur stets zum Start-Bildschirm. Wenn Sie ihn doppelt drücken, ruft er S Voice auf. Das ist eine Art virtueller Assistent, der Ihnen auf Fragen jeder Art antwortet. Aus dem Sperrbildschirm heraus startet S Voice, wenn Sie "Hallo Galaxy" sagen. Die Fähigkeiten von S Voice beschreibe ich in einem separaten Abschnitt ("Was S Voice kann").

Und noch eine Funktion besitzt der Home-Knopf: Drücken Sie ihn etwas länger, erscheint die Google-Suche auf dem Display. Auch hier können Sie mit Sprachbefehlen arbeiten. Zudem bietet Ihnen der Bildschirm an, "Google Now" herunterzuladen – eine Funktion, die anhand von Uhrzeit, Ort und so weiter auf kluge Weise versucht, Ihnen behilflich zu sein, indem sie etwa das aktuelle Wetter anbietet oder die Fahrzeit nach Hause berechnet.

Eine weitere "Taste" muss ich Ihnen noch vorstellen. Es handelt sich nicht im eigentlichen Sinn um eine Taste, deshalb die Anführungszeichen. In fast allen Programmen finden Sie ein Symbol, das aus drei übereinander stehenden kleinen Quadraten aufgebaut ist. Darüber erreichen Sie stets das so genannte Kontextmenü: ein Menü, das gerade zum Programmbildschirm passende Funktionen auflistet. Wer vom Galaxy S4 auf das S5 umgestiegen ist, muss sich hier umgewöhnen: Beim Vorgängermodell rief die linke Taste neben dem Home-Knopf noch dieses Kontextmenü auf – jetzt öffnet sich darüber primär die Programmliste. Samsung hat das vermutlich deshalb geändert, weil es auch bei anderen Android-Smartphones so Standard ist. Wenn Sie die linke Taste allerdings drücken und etwas länger festhalten, öffnet sie auch das Kontextmenü.

Betrachten Sie nun die Iconleiste am unteren Bildschirmrand, die fünf Symbole enthält. Der Telefonhörer ganz links startet das Telefon. Direkt daneben finden Sie die Übersicht all Ihrer Kontakte. Die SMS-Funktion hat Samsung "Nachrichten" genannt (Symbol in der Mitte). Die Weltkugel öffnet den Webbrowser, bringt Sie also ins Internet. Das einem Tasten-Wählfeld ähnelnde zerteilte Quadrat mit der Unterschrift "Menü" öffnet die so genannte Programmliste.

Sie enthält eine Übersicht aller Programme, die Sie jemals auf Ihr S5 heruntergeladen haben. Das ist ein wesentlicher Unterschied zum Start-Bildschirm, genauer gesagt zu den verschiedenen Start-Bildschirmen. Am besten, Sie wechseln ein paar Mal hin und her: Home-Knopf drücken, und Sie sind im Start-Bildschirm. Weitere Start-Bildschirme erreichen Sie durch Links- und Rechtswischen mit dem Finger. Wo Sie sich gerade befinden, erkennen Sie an den fünf Punkten im unteren Drittel.

Nun öffnen Sie wieder die Programm-Liste. Auch hier können Sie nach links und rechts wischen. Wenn Sie Programme aus dieser Liste dem Startbildschirm hinzufügen wollen, tippen Sie einfach länger auf das Symbolund halten es fest. Eine verkleinerte Übersicht Ihrer Start-Bildschirme öffnet sich. Sobald Sie den Finger vom Bildschirm nehmen, "fällt" das Symbol auf die entsprechende Seite. Am oberen Bildschirmrand finden Sie zudem die Optionen, mit der App einen neuen Ordner anzulegen oder diese zu entfernen.

Der Start-Bildschirm kann aber nicht nur Programme aufnehmen, sondern auch "Widgets". Widgets sind Programme, die direkt auf dem Bildschirm und ohne dass Sie sie antippen müssen, schon eine gewisse Funktion erfüllen, Ihnen zum Beispiel das Wetter verraten. Von Apps sehen Sie hingegen zunächst nur das Symbol. Erst wenn Sie die App angetippt (gestartet) haben, merken Sie, was das Progrämmchen wirklich kann. Auf Ihrem Handy sind schon eine ganze Reihe von Widgets vorinstalliert: Die Wetter-Anzeige auf dem Start-Bildschirm ist ebenso ein Widget wie der Schrittzähler. Widgets sind oft schon daran zu erkennen, dass sie mehr Platz einnehmen als ein simples Programm, das nur ein Feld belegt.

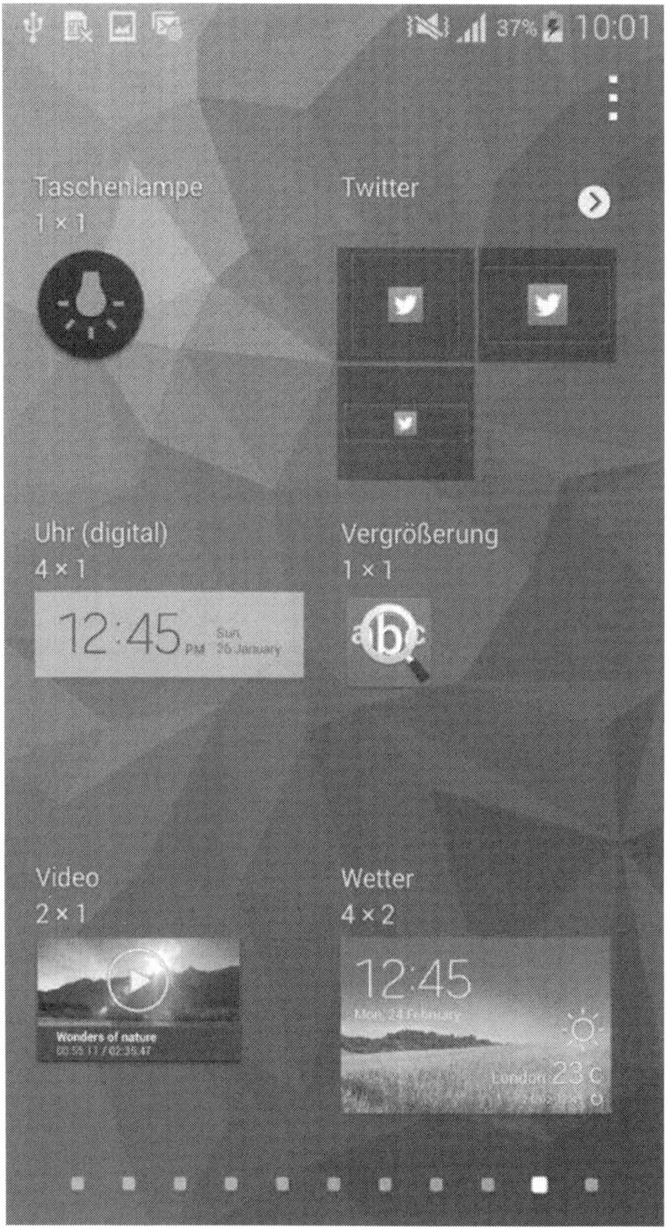
10:01
37%
Taschenlampe
1 × 1
Twitter
Uhr (digital)
4 × 1
12:45
PM
Vergrößerung
1 × 1
abc
Video
2 × 1
Wonders of nature
Wetter
4 × 2
12:45
London
23 C

Um neue Widgets auf dem Startbildschirm abzulegen, müssen Sie eine neue Finger-Geste erlernen. Keine Sorge, Sie werden sie in Zukunft sowieso öfter benötigen: Legen Sie zwei Finger (etwa Daumen und Zeigefinger) auf dem Bildschirm ab und ziehen Sie die Fingerkuppen zusammen. In vielen Apps können Sie so aus dem Bild herauszoomen, also die Darstellung verkleinern. Auf dem Start-Bildschirm jedoch aktiviert diese Zoom-Geste das Labor, in dem Sie den Start-Bildschirm nach Ihrem Gusto verändern können. Statt die Zoomgeste zu nutzen, können Sie übrigens auch einfach länger auf einen freien Platz tippen.

Blättern Sie zum Beispiel nach rechts bis zum großen Plus-Zeichen, um dem Start-Bildschirm eine neue Seite hinzuzufügen. Schieben Sie eine Seite, die Sie löschen wollen, nach oben zum Papierkorb. Wenn Sie das kleine Haus (das eher wie ein Pfeil nach oben aussieht) auf einer der Seiten markieren, holt jedes Tippen der Home-Taste in Zukunft diese Seite zuerst auf den Bildschirm. Tippen Sie auf “Hintergrund”, um ein neues Hintergrundbild festzulegen. Und rufen Sie “Widgets” auf, wenn Sie neue Widgets auf dem Start-Bildschirm nutzen wollen. In der Voransicht sehen Sie dann jeweils, wieviel Platz ein Widget auf dem Bildschirm braucht. Tippen Sie ein Symbol an und halten Sie es fest, um es einem der Start-Bildschirme hinzuzufügen.

Die am weitesten links stehende Seite des Start-Bildschirms hat übrigens eine Sonderfunktion: Er zeigt Ihnen Neuigkeiten aus der “My Magazine”-App. Wenn Sie lieber darauf verzichten, können Sie diese Seite im Widget-Menü unter “Startseiten-Einstellungen” deaktivieren.

An dieser Stelle möchte ich Ihnen eine hilfreiche Funktion empfehlen, die Samsung beim S5 (anders als beim Vorgänger) vor dem Erst-Nutzer versteckt. Sie heißt “Multi-Window”. Um ihren Nutzen zu testen, ziehen Sie bitte die Statusleiste nach unten, tippen auf das Zahnrad (wir sind nun im Einstellungsmenü) und scrollen Sie nach unten bis zum Bereich "Ton und Anzeige". Hier tippen Sie auf "Multi Window", danach aktivieren Sie diese Funktion mit dem kleinen Schalter ganz oben. Drücken Sie nun den Home-Knopf.

Fällt Ihnen etwas auf? Haben Sie die kleine Zunge schon gesehen, die nun von der linken Bildschirmseite auf den Home-Bildschirm zeigt? Sie hilft Ihnen dabei, mehrere Anwendungen gleichzeitig auf den Bildschirm zu holen. Das klingt zunächst nicht sehr sinnvoll, kann aber nützlich sein. Während zum Beispiel im oberen Teil des Bildschirms Google Maps läuft, könnten Sie damit in der unteren Hälfte im Netz nach Informationen suchen. Dank der hohen Auflösung des Displays ist dabei immer noch alles gut erkennbar.

Die Nutzung von Multi-Window ist unkompliziert. Ziehen Sie die Zunge mit dem Finger nach rechts (alternativ können Sie auch die Zurück-Taste länger drücken), dann erscheint eine senkrechte Leiste mit Programmsymbolen. Über das Menü ganz unten können Sie diese nach eigenen Vorlieben ändern. Ziehen Sie ein Programmsymbol aus der Leiste heraus, nimmt es zunächst den kompletten Platz ein. Holen Sie dann eine zweite App auf dieselbe Weise, teilen sich die beiden Programme den Bildschirm. Das Galaxy S5 ist flott genug, oben und unten gleichzeitig ein Video abzuspielen – aber das ist nun wieder wenig sinnvoll.

Die schmale Leiste zwischen den beiden Apps können Sie mit dem Finger verschieben. Wenn Sie auf den fetten Punkt tippen, erscheinen zudem drei Symbole, über die die Apps ihren Platz tauschen oder beendet werden.

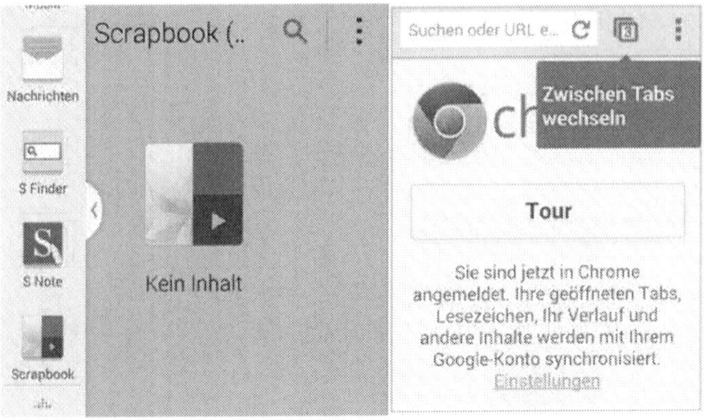

Suchfunktion und Google Now

Im oberen Teil des Displays etwas, das wie ein Eingabefeld aussieht. “Google” steht darin. Tippen Sie darauf, öffnet sich ein Werbefenster für “Google Now”. Dieser Dienst versucht, Ihre aktuelle Position, die Uhrzeit und Ihre Termine so auszuwerten, dass Sie jeweils passende Informationen geliefert bekommen, etwa wie lange Sie für den Weg ins Büro brauchen oder ob Ihr Flug Verspätung haben wird.

Tippen Sie sich durch. Mit “OK” aktivieren Sie Google Now. Sie können diese Entscheidung jederzeit korrigieren, und zwar über das Einstellungsmenü der App mit dem blauen Google-Icon in der Sammlung der Google-Apps. Wenn Sie in Google Now auf “Beispielkarten anzeigen” tippen, erfahren Sie, welche Informationen Ihnen der Dienst liefert – wenn es an der Zeit ist. Falls Sie zum Beispiel mal nach einem Fußball-Verein gesucht haben, werden dessen Spielergebnisse dazugehören. Die interessieren Sie nicht? Wischen Sie die Info aus dem Bildschirm, und sie wird nicht wieder auftauchen.

Das ist Ihnen ein bisschen zu viel Eindringen in Ihre Privatsphäre, auch wenn das alles von Maschinen erledigt wird? Dann schalten Sie Google Now aus. Das Suchfeld steht Ihnen trotzdem zur Verfügung. Was Sie hier eintippen, danach fahndet das Handy sowohl im Internet als auch auf seinem eigenen Speicher. Wenn Sie nur Ergebnisse vom Smartphone-Speicher haben wollen, tippen Sie “Auf dem Telefon suchen” an.

Am unteren Bildschirmrand dürfen Sie außerdem wählen, ob Sie nach jeder möglichen Fundstelle oder vielleicht nur nach Bildern, News oder Orten suchen wollen.

Die virtuelle Tastatur

Ein paar Worte noch zur Tastatur. Sie haben Sie sicher schon ganz intuitiv benutzt, aber vielleicht kennen Sie noch nicht all ihre Möglichkeiten. Zunächst sollten Sie das Handy quer halten, wenn Sie längere Tipporgien vor sich haben – dann werden die einzelnen Buchstabenfelder einfach größer.

Tippen Sie nur kurz auf ein Feld, erscheint der entsprechende Buchstabe. Längeres Tippen bringt eine Auswahl von Sonderzeichen oder Umlauten. Das jeweils erste Zeichen müssen Sie nicht auswählen: Lassen Sie los, wird es automatisch benutzt. Für alle anderen Zeichen müssen Sie den Finger auf das Feld führen, ohne dabei die Berührung des Bildschirms aufzugeben. Nur bei der Punkttaste unten rechts ist das anders: Wenn Sie diese länger antippen, bleibt die Auswahl alternativer Satzzeichen offen, auch wenn Sie den Finger vom Bildschirm lösen.

Während Sie tippen, setzt sich das Wort in der Eingabezeile zusammen. In einer separaten Zeile direkt über der Tastatur erscheinen Vorschläge, die Ihnen eventuell Tipparbeit ersparen. Die Software versucht dabei, sowohl Tippfehler zu erkennen als auch Ihre Intention zu erahnen. Je nach Wortlänge sind meist drei oder vier der Vorschläge gleichzeitig zu sehen. Daneben finden Sie einen Pfeil nach rechts, über den Sie weitere Vorschläge aufrufen können. Um eine Idee anzunehmen, brauchen Sie nur das jeweilige Wort anzutippen.

Besondere Funktionen haben einige virtuelle Tasten der unteren beiden Zeilen.

Umschalttaste (links, zweite Zeile von unten): Wechselt zwischen Groß- und Kleinschreibung. Wenn der Hochpfeil blau gefärbt ist, erscheint der nächste Buchstabe groß. Falls Sie mehrere Großbuchstaben brauchen, tippen Sie die Umschalttaste zweimal an. Sie ist dann blau unterlegt, der Pfeil ist weiß – und fortan können Sie ohne weiteres Umschalten Großbuchstaben eingeben.

Löschtaste (rechts, zweite Zeile von unten): Ein Tipp darauf löscht das Zeichen links vom Textcursor. Halten Sie den Finger länger darauf, werden so lange Zeichen gelöscht, bis Sie wieder loslassen. Je länger Sie den Finger darauf halten, desto schneller erfolgt das Löschen.

Sym/ABC-Taste (links unten): Schaltet zwischen der Buchstaben- und der Symboltastatur hin und her. Wenn die Symboltastatur zu sehen ist, dient die Umschalttaste zum Wechsel zwischen zwei unterschiedlichen Symbol-Vorräten.

Einstellungstaste (unten, zweite von links): Einmaliges Antippen öffnet (zunächst) das Tastatur-Einstellungsmenü (siehe unten). Längeres Antippen holt ein Eingabefeld auf den Bildschirm, das Ihnen zusätzliche Eingabeoptionen anbietet. Diese spannenden Möglichkeiten haben Sie: Sie können Text per Handschrift eingeben (funktioniert sehr gut!), Text aus der Zwischenablage einkopieren, die Kamera zur Texterkennung nutzen (nicht ganz so nützlich) und die Tastatur frei schwebend auf dem Bildschirm platzieren. In manchen Anwendungen steht auch die Spracherkennung bereit. Falls Ihnen all das wie Spielerei erscheint, Sie sich dafür aber eine Komma-Taste wünschen, tippen Sie einfach auf das Satzzeichen und können es künftig mit einem einfachen Tipp verwenden. Denn wenn Sie eine der gerade erwähnten Optionen auswählen, erscheint diese danach als Vorgabe-Aktion direkt auf der virtuellen Taste.

Leertaste: Die Leertaste hat ihre auch am Computer übliche Funktion. Zusätzlich können Sie darüber auch die Eingabesprache wechseln. Welche Sprache gewählt ist, sehen Sie klein in grauer Schrift auf der Leertaste. Je nach gewählter Sprache macht Ihnen das S5 unterschiedliche Wortvorschläge. Die Sprache wechseln Sie, indem Sie nach links oder rechts über die Leertaste streichen. Falls sich dann nichts ändert, müssen Sie zunächst über das Einstellungsmenü (Taste daneben) unter "Eingabesprachen" mehrere Sprachen mit Häkchen aktivieren.

Punkt-Taste: Darüber erreichen Sie weitere Satzzeichen.

Eingabe-Taste: Je nach Anwendung finden Sie hier auch eine Lupe oder ähnliches – es startet jeweils die Aktion, die die Anwendung für das Eingabefeld vorgesehen hat.

Über die Einstellungstaste rufen Sie das Tastatur-Einstellungsmenü auf, das unter anderem diese Optionen enthält (die anderen sind selbsterklärend):

Eingabesprachen: Hier aktivieren Sie all die Sprachen, für die Sie Wortvorschläge haben wollen.

Texterkennung: Erlaubt der Tastatur zu versuchen, Ihre Intention beim Tippen zu erkennen. Die Texterkennung lässt sich nicht nur ein- und ausschalten, Sie können sie auch personalisieren, indem Sie auf das Wort selbst tippen. Wenn Sie es erlauben, merkt sich die Tastatur dann, wie Sie auf Facebook, in Google Mail, in Twitter oder in SMS formulieren und passt die Wortvorschläge daran an. Diese Daten werden allerdings anonym auf einem Samsung-Server gespeichert. In diesem Menü können Sie sie jederzeit löschen.

Automatisch ersetzen: Hier stellen Sie für jede Eingabesprache ein, ob Wortvorschläge automatisch auch umgesetzt werden sollen.

Meine Shortcuts: Über diese Funktion lassen sich den Zifferntasten 1 bis 0 Standard-Texte zuweisen, die dann automatisch in den Text eingesetzt werden.

Automatische Großschreibung: Soll der erste Buchstabe jedes Satzes automatisch groß erscheinen?

Automatische Leerzeichen: Darf das Handy zwischen alle Wörter Leerzeichen einfügen?

Automatisch unterbrechen: Wenn aktiviert, setzt doppeltes Drücken der Leertaste einen Punkt.

Tastatur wischen: Ermöglicht Ihnen weitere Eingabemethoden. Dazu gehört zum Beispiel die “Durchgehende Eingabe”, die so genannt Swype-Methode. Dabei fahren Sie mit dem Finger ohne Abzuheben von einem Buchstaben zum nächsten. Das kann mit ein bisschen Übung sehr effizient sein! Ebenfalls hier untergebracht ist die Option Cursorsteuerung: Der Cursor in einem Textfeld lässt sich stets durch Tippen mit dem Finger an eine andere Stelle setzen. Wenn Sie diese Option aktivieren, können Sie zusätzlich nach links oder rechts über die Tastatur fahren, um den Cursor zeichenweise zu verschieben. Schließlich haben wir hier auch noch die Streicheingabe: Statt eine Taste für Umlaute etc. festzuhalten, können Sie damit nach oben streichen, um die Umlaute aufzurufen.

Tastenton-Feedback: In diesem Abschnitt lassen sich Tastenvibration und Tastentöne ein- und ausschalten. Außerdem können Sie die Zeichenvorschau deaktivieren und die Zeit regulieren, die Sie eine Taste halten müssen, damit sich darauf die Umlaute öffnen.

Handschrifterkennung

Samsung hat dem Galaxy S5 eine recht ausgereifte Handschrifterkennung spendiert. Selbst meine zugegeben etwas chaotische Schreibweise erkennt das Smartphone bereitwillig. Sie können jedes Text-Eingabefeld mit Ihrer eigenen Handschrift, also mit dem Finger auf dem Display, ausfüllen. Tippen Sie dazu in der Tastatur länger auf die Einstellungs-Taste und wählen Sie dann das Icon mit dem großen T.

Und schon können Sie losschreiben. Probieren Sie es, Sie werden überrascht sein. Ob Druck- oder Schreibschrift, die Software funktioniert gleichermaßen. Schreiben Sie ohne große Pausen die einzelnen Buchstaben eines Wortes. Erst nach Abschluss eines Wortes legen Sie eine kleine Pause ein. Die Schreibtafel leert sich für das nächste Wort. Falls Sie sich verschrieben haben, das Wort aber noch nicht beendet ist, können Sie einzelne Buchstaben auch übermalen.

Konten einrichten

Bevor Sie alle anderen Funktionen Ihres Samsung Galaxy S5 erforschen, müssen wir Ihrem Gerät noch beibringen, woher es welche Daten beziehen darf. In welchen sozialen Netzwerken sind Sie unterwegs, worüber versenden Sie Ihre E-Mails, wo lagern Sie Daten? Für all das gibt es verschiedene Anbieter, deren Kontodaten Sie nun eintragen sollten.

Das erledigen wir im Einstellungs-Menü, das Sie stets am schnellsten erreichen, indem Sie die Statusleiste nach unten ziehen und dann das kleine Zahnrad oben rechts antippen sowie den Button “Konten”im Bereich “Benutzer und Sicherung” wählen. Bei der Ersteinrichtung haben Sie bereits drei Konten voreingerichtet, nämlich Google, Dropbox und das Samsung-Konto. Um die Parameter eines Kontos zu ändern, öffnen Sie es mit einem Fingertipp.

Was dann möglich ist, hängt vom Kontotyp ab. Fast immer lässt sich etwa die Aktualisierungshäufigkeit verändern oder der Abgleich neuer Informationen mit dem Internet (“Synchronisierung”) verhindern. Das Samsung-Konto sichert, wenn Sie es wünschen, die Daten der Apps S Memo, S Note, S Planner, Internet, Kontakte sowie Ihre SMS und MMS. Ins Dropbox-Konto lädt das Handy zum Beispiel Ihre selbst gemachten Fotos und Videos hoch. Letzteres können Sie hier über “Cloud” deaktivieren, wenn Sie die Bilder selbst irgendwo anders hochladen wollen.

Doch die meisten wichtigen Datenquellen sind noch nicht konfiguriert. Tippen Sie auf “Konto hinzufügen”, um eine Liste verfügbarer Datenquellen zu erhalten. Diese Anbieter stehen unter anderem bereit:

Samsung-Konto (vorinstalliert, nur einmal möglich)

Apps mit Facebook synchr.: erlaubt einigen Apps, Daten mit Facebook auszutauschen.

Apps mit Google+ syn..: erlaubt einigen Apps (unter anderem der Tastatur, dem Kalender und der Galerie), Daten mit Google+ auszutauschen.

ChatON: ein Internet-Telefonie-Anbieter von Samsung

Dropbox: Speicherplatz, Fotos (vorinstalliert, nur einmal möglich)

E-Mail: E-Mail, für alle Arten von E-Mail-Konten geeignet, auch bei Anbietern wie T-Online, GMX oder Web.de. Nicht zur Synchronisierung von Kontakten.

Evernote: eine Art Notizbuch im Internet, für alle möglichen Inhalte, funktioniert geräteübergreifend

Facebook: Kontakte, Nachrichten (nur einmal möglich)

Google: E-Mail, Kalender, Kontakte, Google Play, Fotos (mehrere Konten möglich)

LDAP: spezielles, vor allem in Firmen eingesetztes Protokoll zum Zugriff auf Adress- oder Kontakt-Datenbanken

LinkedIn: Business-Kontakte-Netzwerk, eine Art Facebook für Geschäftskontakte

Microsoft Exchange ActiveSync: für E-Mail, Kontakte und Kalender, meist bei Firmen-Accounts, basierend auf Microsoft-Software

Twitter: Kurznachrichtendienst

Weitere Anbieter können hinzukommen, wenn Sie neue Apps installieren, etwa den beliebten

Kurznachrichtendienst WhatsApp oder das soziale Netzwerk Twitter.

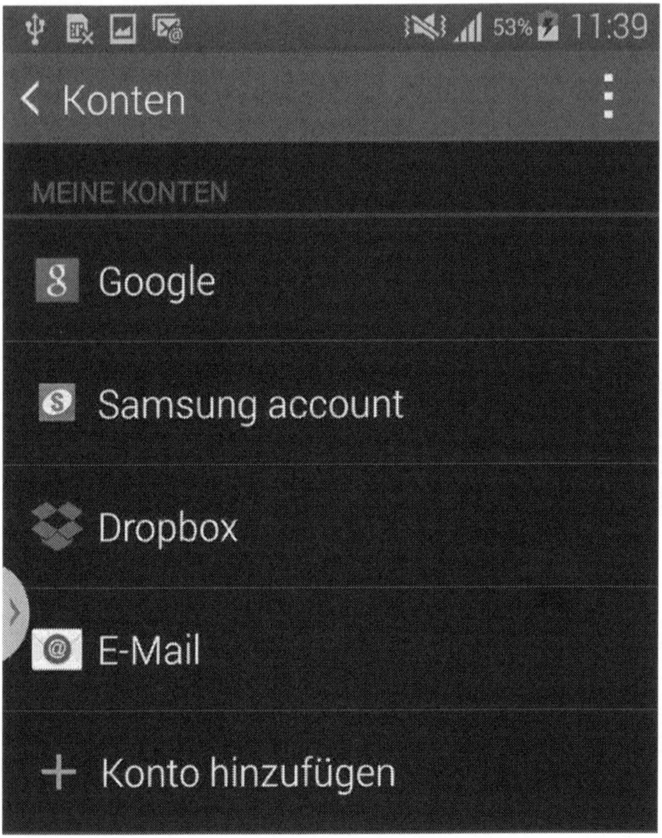

Beginnen wir mit dem Exchange-Konto. Wenn Sie im Büro Ihre Mails mit Outlook versenden – oder überhaupt eine Firmen-Mailadresse besitzen – stehen die Chancen gut, dass Sie diesen Kontotyp verwenden können. Wer nur einen Internetzugang für zuhause hat, besitzt in der Regel KEIN Exchange-Konto. Bei T-Online ist es allerdings möglich, auch ein Exchange-Konto zu bekommen.

Besitzen Sie ein Exchange-Konto? Dann geben Sie zunächst Mailadresse und Kennwort an und tippen auf “weiter”. Das Samsung Galaxy S5 fragt nun den Namen des Exchange-Servers ab. Wie der lautet, müssten Sie den Administrator in Ihrer Firma fragen. Im günstigsten Fall vielleicht mail.ihre-domain? Das Feld “Domäne” können Sie meist leer lassen. Dazu braucht das Gerät erneut Ihr Passwort und den Benutzernamen für das Konto (meist die Mailadresse oder aber der Teil der Mailadresse vor dem @-Zeichen).

Wenn Sie alles eingetippt und “weiter” betätigt haben, versucht die Software, eine Verbindung herzustellen. Falls das nicht gelingt, können Sie im Einstellungs-Bildschirm noch SSL deaktivieren. Kommen Sie auch danach noch nicht auf Ihren Firmen-Mailserver, werden Sie das Handy wohl mit ins Büro nehmen und den Admin fragen müssen...

Einfacher läuft der Prozess beim Kontotyp Google. Hier müssen Sie wirklich nur Ihren jeweiligen Namen, Mailadresse und Kennwort eingeben, die Software kennt den Rest schon. Google bietet Ihnen an, Ihr Telefon auch über diesen Anbieter zu sichern. Bei Google sollten Sie sich als Besitzer eines Android-Handys auf jeden Fall registrieren, denn nur so haben Sie Zugriff auf die wichtigsten Marktplätze für Apps, Musik oder Videos. Sobald Sie die Registrierung des Google-Kontos abgeschlossen haben, meldet Ihnen Ihr Handy auch schon, dass es Updates für viele wichtige Apps gefunden habe.

Sie haben Ihr Konto bei GMX, Web.de oder einer anderen nicht aufgeführten Firma? Dann benutzen Sie die Option “E-Mail”. Hier geben Sie zuerst Ihre Daten ein – E-Mail-Adresse und Passwort, danach tippen Sie auf “Weiter”. Im nächsten Schritt müssen Sie wählen, ob Sie ein Pop3- oder ein IMAP-Konto besitzen. Sollten Sie Pop oder IMAP wählen? Android unterstützt beides. IMAP bietet mehr

Komfort, nämlich eine echte Synchronisation zwischen all Ihren Geräten und dem Server. Was Sie auf dem Samsung Galaxy S5 löschen, wird auch auf dem Server gelöscht. Was Sie lesen, gilt auch auf dem Server als gelesen. Wenn Sie also im Büro denselben Posteingang abfragen, haben Sie die Ergebnisse Ihrer Arbeit auf dem Smartphone schon vor sich. Bei Pop hingegen haben Sie nur die Wahl, auf das Handy heruntergeladene Mails auf dem Server zu löschen (sie lassen sich dann nie wieder woanders abrufen!) oder nicht - in letzterem Fall landen alle Mails aber auch als ungelesen auf ihrem Computer. Nicht jeder Provider unterstützt allerdings IMAP.

Die Software überprüft nun, ob das Konto mit den üblichen Standard-Einstellungen zugänglich ist. Wenn ja, brauchen Sie nichts weiter zu tun.

Wenn nicht, benötigen Sie ein paar Daten, die Ihr Provider normalerweise auf seinen Hilfe-Seiten zur Verfügung stellt, nämlich die Servernamen für Pop oder Imap, ob die Daten verschlüsselt gesendet werden sollen und auf welchen Ports die Kommunikation abläuft. Ports sind quasi verschiedene Eingangstüren in den Server. Weiter unten finden Sie für die gängigen Provider die passenden Daten. Für ein bereits eingerichtetes Konto (das vielleicht nicht ganz wie gewünscht funktioniert) können Sie diese unter Konten -> Kontoname -> Weitere Einstellungen -> Servereinstellungen verändern.

Beim kostenlosen Postfach von Web.de gibt es übrigens eine kleine Hürde: Der Postabruf ist nur alle 15 Minuten erlaubt. Falls Sie nun noch irgendeine andere E-Mail-Software, etwa auf dem PC oder dem Blackberry, mit Ihrem Web.de-Account benutzen, dann kommt das Samsung Galaxy S5 nie an Ihre Post! Bevor Sie ein Web.de-Postfach einrichten, sollten Sie also unbedingt alle anderen E-Mail-Programme deaktivieren. Beachten Sie bei diesem Provider, dass das @web.de Teil des Benutzernamens ist.

Daten wichtiger Provider

Google / Gmail

Posteingang: imap.gmail.com (IMAP, Port 993), pop.gmail.com (Pop3, Port 995), SSL

Postausgang: smtp.gmail.com, Port 465, SSL

Apple / iCloud:

Posteingang: imap.mail.me.com (IMAP), Port 993, Sicherheit: SSL/TLS, Username: example@me.com, Passwort: iCloud-Passwort

Postausgang: smtp.mail.me.com, Port 587, Sicherheit: SSL/TLS, mit iCloud-Passwort

Freenet

Posteingang: mx.freenet.de (Pop3+IMAP), Port 995, Sicherheit: SSL/TLS

Postausgang: mx.freenet.de, Port 587, Sicherheit: SSL/TLS

Web.de

Posteingang: pop.web.de (Pop3), Port 110, imap.web.de (IMAP), Port 143, Sicherheit: keine

Postausgang: smtp.web.de, Port 587, Sicherheit: SSL/TLS oder keine

T-Online

Posteingang: popmail.t-online.de (Pop3, Port 110), secureimap.t-online.de (IMAP, Port 993, Sicherheit: SSL/TLS)

Postausgang: securesmtp.t-online.de, Port 587, Sicherheit: STARTTLS

Exchange: activesync.t-online.de

1&1

Posteingang: pop.1und1.de (Pop3, Port 995, Sicherheit: SSL/TLS), imap.1und1.de (Port 993, Sicherheit: SSL/TLS)

Postausgang: smtp.1und1.de, Port 25, mit Anmeldung, Sicherheit: nein

Strato

Posteingang: pop3.strato.de (Pop3, Port 995, Sicherheit: SSL/TLS), imap.strato.de (IMAP, Port 993, Sicherheit: SSL/TLS)

Postausgang: smtp.strato.de (Port 465, mit Anmeldung, Sicherheit: SSL/TLS)

Wenn Ihr Anbieter nicht darunter ist, finden Sie sicher auf seiner Website die nötigen Angaben. Oder Sie sehen in dieser langen Liste im Web nach: http://www.patshaping.de/hilfen_ta/pop3_smtp.htm.

Über den Kontotyp "E-Mail" können Sie übrigens auch mehrere Konten anlegen. Dasselbe gilt für "Google"-Konten. Wenn Sie ein normales Mail-Konto und ein Google-Konto mit E-Mail-Abruf anlegen, werden Sie feststellen, dass Nachrichten in zwei verschiedenen Apps ankommen: In "Gmail" landen alle Mails an Ihr Google-Konto, in "Mail" hingegen alle anderen E-Mails. Es könnte deshalb sinnvoll sein, auch das Google-Postfach als normalen Mail-Account anzulegen. Gleichzeitig sollten Sie dann die Synchronisierung von E-Mails im Google-Konto deaktivieren.

Kontakte einrichten

Erst wenn Sie wie eben beschrieben all Ihre Konten auf dem Smartphone eingerichtet haben, lohnt es sich, die App “Kontakte” aufzurufen. Das Programm merkt, dass Sie neue Konten hinzugefügt haben, und bietet an, Ihre Kontakte damit abzugleichen. Das ist gar keine schlechte Idee, jedenfalls in diesem Stadium: So haben Sie einen Grundstock an Einträgen und müssen nicht alles per Hand hinzufügen.

Die Kontakte-App finden Sie standardmäßig unter den fünf Apps unten auf jedem Start-Bildschirm. Ihr Symbol ist einer Visitenkarte nachempfunden. Sie funktioniert programmübergreifend. Das heißt, sie steht Ihnen nicht nur beim Telefonieren und Simsen, sondern auch in allen anderen Anwendungen zur Verfügung, bei denen Sie irgend etwas teilen können.

Nach dem Start bekommen Sie eine Liste all Ihrer Kontakte angezeigt. Die Liste ist nach dem Vornamen sortiert, ganz oben stehen Sie selbst.

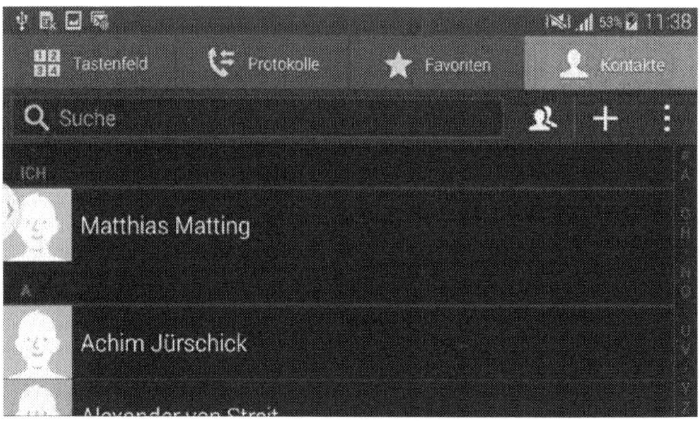

Um einen Ihrer Kontakte anzurufen, tippen Sie darauf und wählen die gewünschte Rufnummer aus. Noch schneller geht es, wenn Sie in der Kontaktliste

auf dem Namen nach rechts streichen. Einmal nach links streichen, und Sie können direkt eine SMS formulieren.

Je nachdem, wie fleißig Sie beim Nutzen von Facebook oder E-Mail sind, kann die Kontakt-Liste ziemlich lang sein. Es empfiehlt sich deshalb, eine gewisse Ordnung anzulegen. Im oberen Teil des Bildschirms sehen Sie eine Suchleiste, über die Sie bestimmte Kontakte schneller als durch Scrollen in der Liste finden. Tippen Sie einfach ein paar Buchstaben ein – das Handy listet Ihnen dann alle Namen, in denen diese Folge vorkommt.

Eine erste Hilfe zum Ordnungschaffen bietet Ihnen das Smartphone über das Einstellungs-Menü (siehe unten). Wenn Sie hier "Anzuzeigende Kontakte" wählen, können Sie bestimmen, von welcher Datenquelle die Namen kommen dürfen.

Apropos Gruppe: Auch dieses Kriterium bietet Ihnen die Kontakte-App zur Selektion an, direkt neben dem Suchfeld. Gruppen sind, wie leicht zu erschließen ist, von Ihnen definierte Zusammenstellungen, etwa "Freunde", "Familie" oder "Kollegen", die nicht nur die Suche nach einem Kontakt erleichtern, sondern auch gemeinsame Funktionen erlauben. So lassen sich über das Einstellungs-Menü einer ganzen Gruppe SMS oder E-Mails schicken.

Noch spezifischer sind die Favoriten. In diesem Reiter sollten Sie nur wenige Kontakte unterbringen, die das S5 mit den von Ihnen häufig kontaktierten Nutzern ergänzt. Ein Kontakt wird schnell zum Favoriten, wenn Sie zu "Favoriten" wechseln, "+" antippen und ihn dann auswählen. Alternativ können Sie auch das Sternchen beim Profileintrag antippen.

Beim Import Ihrer Konten hat die Software versucht, doppelte Einträge herauszufiltern und zusammenzuführen.

Denn es gibt ja Menschen, mit denen Sie sowohl per Facebook als auch per Google Mail kommunizieren. Der Prozess kann aber nicht in jedem Fall gelingen. Wenn ein Kontakt in Facebook zum Beispiel anders heißt als in GMail, hat die Software keine Chance. Solche Fälle können Sie aber selbst bearbeiten: Öffnen Sie einen Kontakt, wählen Sie "Kontakt verknüpfen" aus dem Eigenschaftsmenü und verraten Sie dem Programm, welcher andere Eintrag ebenfalls zu dieser Person gehört.

Nun betrachten Sie einmal einen einzelnen Kontakt genauer. Es öffnet sich zunächst die Detailseite mit allen Informationen über die Person, die Ihr Handy bereits gesammelt hat. Profile bei sozialen Netzwerken, E-Mail-Adressen, Geburtstage, ein Profilfoto. All diese Daten können Sie ändern und ergänzen, indem Sie auf den Stift tippen. Blättern Sie auch einmal ganz nach unten: Bei "Weiteres Feld hzfg." können Sie dem Kontakt nämlich auch einen eigenen Klingelton, einen SMS-Ton oder ein Vibrationsmuster zuordnen. So brauchen Sie gar nicht mehr hinzusehen, um zu merken, dass Ihr Liebster oder Ihre Liebste anruft.

Das Profilfoto wählt die Software zufällig daraus aus, was der betreffende Kontakt etwa bei Facebook oder Google verwendet. Tippen Sie darauf, um das Foto auszutauschen (das funktioniert bei reinen Facebook-Kontakten jedoch nicht). Sie können dabei auch selbst mit der eingebauten Kamera ein Bild der betreffenden Person schießen oder ein Foto aus Ihrem eigenen Archiv verwenden. Alle anderen Daten verändern Sie, indem Sie auf den "Bearbeiten"-Stift oben rechts tippen. So können Sie auch neue Felder hinzufügen.

Kontextmenü der Kontakte-App:

Auswählen: Um Aktionen an mehreren Kontakten durchzuführen.

Löschen: Ausgewählte Kontakte löschen.

Visitenkarten: eingescannte Visitenkarten. Tippen Sie auf "+", um neue Visitenkarten hinzuzufügen.

Konten zusammenführen: Speichert nisher nur lokal gesicherte Kontakte in einem Ihrer Online-Konten..

Kurzwahl: Zur Belegung des Kurzwahlspeichers (siehe Telefon)

Nachricht oder E-Mail senden: Nachricht an mehrere Kontakte schicken.

Kontakte verknüpfen: Falls es die App nicht geschafft hat, eigentlich doppelte Kontakte zu erkennen, helfen Sie hier nach.

Einstellungen: das eigentliche Einstellungsmenü.

Einstellungsmenü der Kontakte-App:

Importieren/Exportieren: Speichern beziehungsweise Einlesen der Kontakte via USB.

Anzuzeigende Kontakte: Von welchen Konten sollen Kontakte angezeigt werden?

Streichen für...: Soll das Handy beim Nach-links-Streichen eine SMS formulieren?

Nur Kontakte mit Telefon: Zeigt nur noch Kontakte an, für die eine Telefonnummer erfasst ist.

Sortieren nach: Vorname oder Nachname als Sortierkriterium?

Kontakte anzeigen nach: Vor- oder Nachname zuerst?

Kontaktinformationen senden: Betrifft den Austausch von Kontakten zwischen zwei Handys.

Einstellungen für einzelne Kontakte:

Weitere interessante Optionen, die Sie bei der Ansicht eines Kontaktes oder der Kontaktliste mit Hilfe des Kontextmenüs erreichen:

Markierung entfernen: Hebt Verknüpfungen wieder auf.

Als Standard markieren: Welche Nummern / Adressen sollen andere Apps als Vorgabe von diesem Kontakt verwenden?

Visitenkarte freigeben: Sendet die Daten zur Person über einen von vielen Kanälen.

Kontaktinformationen senden: Kontaktdetails per SMS senden.

Zur Sperrliste hinzufügen: Setzen Sie nervige Kontakte auf eine Liste zu ignorierender Personen.

Verknüpfung erstellen: Setzt einen direkten Link auf diesen Kontakt auf Ihren Start-Bildschirm.

Zurück zur Kontaktliste. Tippen Sie hier auf den Reiter "Telefon", landen Sie im Telefonmenü – und damit im nächsten Kapitel.

Die Handy-Grundfunktionen

Ein Smartphone kann außer Kaffeekochen fast alles – dabei vergisst man schnell, dass ein Mobiltelefon vor allem der Kommunikation dient. Solche Grundfunktionen (außer dem Telefonieren gehören Simsen, elektronische Post und Terminverwaltung längst dazu) sind Inhalt dieses Kapitels.

Telefonieren

In ein Telefon verwandelt sich das Samsung Galaxy S5, wenn Sie im Start- oder Home-Bildschirm den Telefonhörer antippen. Doch auch über das Tastenfeld-Symbol in der Kontakte-App landen Sie auf der virtuellen Telefon-Tastatur. Sie können Ihre Kontakte auch direkt aus der Kontakte-App anrufen, indem Sie von links nach rechts über den Eintrag streichen. Und schließlich können Sie einen gerade auf dem Bildschirm befindlichen Kontakt anrufen, indem Sie einfach das Handy ans Ohr nehmen ("Direktanruf").

Die insgesamt 15 virtuellen Tasten kommen Ihnen sicher bekannt vor. Tippen Sie einfach eine Nummer, um jemanden anzurufen. Das Handy interpretiert die von Ihnen eingegebenen Ziffern parallel als Buchstaben (wie sie auf der Tastatur aufgedruckt sind) und zeigt dazu passende Kontakte an. Um mich anzurufen, könnten Sie also entweder meine Nummer eingeben oder (falls ich in Ihrer Kontaktliste gespeichert bin) die Ziffern 6-2-8. Eine Zahl neben dem im Display angezeigten Namen verrät, wieviele Ihrer Kontakte ebenfalls passen. Tippen Sie auf den Pfeil nach unten, zeigt das S5 die komplette Liste an. Streichen Sie mit dem Finger über den Vorschlag, erscheint die komplette Rufnummer im Display.

Eingegebene Ziffern löschen Sie mit dem Zurückpfeil. Wenn Sie sich im Ausland befinden und nach Deutschland telefonieren, denken Sie an die nötige Ländervorwahl, 49 für Deutschland. Nicht überall ist dabei "00" vorzuwählen. Am besten, Sie tippen deshalb "+49" ein, das funktioniert überall. Das "+" erreichen Sie, indem Sie länger auf die 0 tippen. Um im Ausland (oder zuhause) ein Ziel im selben Land anzurufen, brauchen Sie keine Landesvorwahl. Sie schadet aber nicht. Deshalb ist es bei allen Kontakten sinnvoll, Telefonnummern mit der führenden "+49" zu erfassen.

Zumindest den Ziffern 2 bis 9 dürfen Sie eine Kurzwahl zuordnen. Tippen Sie (solange keine Ziffer im Display steht) länger auf das Ziffernfeld, fragt Sie das Handy, ob Sie hier eine Kurzwahl einfügen möchten. Wählen Sie "OK" und suchen Sie (falls der Kontakt mehrere Rufnummern besitzt) eine Nummer aus. In Zukunft können Sie diesen Kontakt durch längeres Antippen der betreffenden Ziffer anwählen. Auf Ziffer 1 ist übrigens normalerweise Ihre Mobilbox voreingestellt.

Wenn das Handy in einer E-Mail, einer SMS oder anderswo eine Telefonnummer erkennt, können Sie diese durch Antippen anrufen, ohne erst den Telefonbildschirm öffnen zu müssen.

Ein Tipp auf den grünen Telefonhörer startet das Telefonat. Der Hörer mit dem kleinen Bildchen daneben startet einen Videoanruf.

Wenn jemand Ihre Nummer wählt, erscheint die Nummer des Anrufers im Display (falls diese nicht unterdrückt wurde). Falls die Nummer in Ihrer Kontaktliste zu finden ist, bekommen Sie Name und Bild des Kontakts auf den Bildschirm. Indem Sie das grüne Icon nach rechts ziehen, nehmen Sie den Anruf an. Zum Ablehnen ziehen Sie das rote Symbol nach links. Der Anrufer hört dann die Ansage, dass Sie derzeit nicht erreichbar wären. Das Samsung

Galaxy S5 bietet Ihnen außerdem an, den Anruf mit einer Standard-SMS abzuweisen, etwa “Fahre gerade”.

60%
12:33
Tastenfeld
Protokolle
Favoriten
Kontakte
Circulo
+4989494888
1
2472
1
2 ABC
3 DEF
4 GHI
5 JKL
6 MNO
7 PQRS
8 TUV
9 WXYZ
P
0 +
#

Während des Telefonats

Während des Gesprächs erscheint das Bild des Angerufenen auf dem Display. Darunter finden Sie Ihre letzte Kommunikation mit dem Anrufer. Hinzu kommen eine Reihe großer Optionstasten. Ans Ohr genommen, wird der Bildschirm dunkel. Diese Möglichkeiten haben Sie:

Extralautstärke (der kleine Button rechts im Anrufer-Bild): Erhöht die Lautstärke.

Anruf hzfg.: Wenn Sie nicht genug bekommen können, dürfen Sie auch während des Telefonats einen zweiten Anruf führen. Vielleicht wollen Sie ja kurz etwas beim Chef nachfragen? Dazu tippen Sie auf "Anruf hzfg.". Die Telefontastatur öffnet sich erneut, während Ihr erstes Gespräch im Hintergrund wartet.

Tastatur: Wenn Sie, etwa in einer automatischen Telefonschleife, die Tastatur brauchen, holen Sie sie über den Tastatur-Icon links neben dem "Beenden"-Button auf den Bildschirm.

Beenden: Dieser Knopf ist es, welch Überraschung, der Ihr Gespräch beendet.

Lautsprecher: Über das Lautsprecher-Icon schalten Sie die Freisprech-Funktion ein. Das Handy gibt den Ton dann via Lautsprecher wieder.

Stumm: Wenn der Gesprächspartner am anderen Ende der Leitung nicht mithören soll, was Sie (oder sonst jemand im Raum) gerade sagen, schalten Sie das Mikrofon still (Mikrofon-Icon).

Bluetooth: Überträgt den Anruf auf ein mit dem S5 verbundenes Bluetooth-Headset.

Weitere Optionen erreichen Sie über das Kontext-Menü (rechts neben der Nummer des Anrufers). Dazu gehören:

Halten: Wenn Sie etwa bestimmte Informationen nachsehen wollen, legen Sie den Anrufer am besten in die Warteschleife. Dazu tippen Sie auf "Halten". Der Anrufer bekommt dann die Meldung "Der Anruf wird gehalten. Bitte warten Sie...". Jetzt können Sie über den Home-Knopf zur Startseite wechseln und beliebige andere Apps nutzen.

Kontakte: Sie erreichen die Kontakte-App.

Memo: Lässt sie eine Notiz aufschreiben.

Nachrichten: Bringt Sie zum SMS-Menü, um dem Gesprächspartner eine Kurznachricht zu schicken.

Anrufton personalisieren: Verändert die Soundqualität des Telefonats.

Einstellungen: Öffnet die Anruf-Einstellungen. Siehe unten.

12:41
00:25
Letzte Nachricht:
Heute 12:39
Tut mir leid, bin beschäftigt. Ich rufe Sie später zurück.
Anruf hzfg.
Tastatur
Beenden
Lautsprecher
Stumm
Bluetooth

Anruf-Einstellungen

Wenn Sie in der Telefon-App die Eigenschaften-Taste drücken, erreichen Sie das umfangreiche Einstellungs-Menü für die Telefonfunktion. Es bietet Ihnen diese Möglichkeiten:

Anruf ablehnen: Je nach Einstellung können Sie hier bestimmte Anrufe automatisch abweisen lassen. Die Nummern erfassen Sie in einer separaten Liste. Zudem dürfen Sie eine Standard-Nachricht formulieren, die alle abgelehnten Anrufer zu sehen bekommen. Wie wäre es mit "Ich will dich nie wieder hören" für die Rufnummer Ihres Ex-Partners? Auch aus der Kontakte-App können Sie Rufnummern zu dieser Liste hinzufügen, wenn Sie dort "Zur Sperrliste hinzufügen" wählen.

Anrufe beantworten und beenden: Ermöglicht Annehmen von Anrufen per Sprache, über Handbewegungen und über die Home-Taste sowie Beenden über die Power-Taste.

Anrufbenachr.-Pop-ups: Wenn aktiviert, erhalten Sie während der Nutzung von Apps ein Nachrichtenfenster, das auf den Anruf hinweist.

Status Pop-ups im Gespr.: Auch weitere Benachrichtigungen erscheinen als Pop-up-Fenster.

Anruferinfo anzeigen: Wollen Sie den bisherigen Kommunikationsverlauf mit dem Anrufer überhaupt sehen, während Sie telefonieren?

Anrufsignale: Soll Ihr Telefon bei Anrufannahme oder -ende vibrieren oder nach einer Minute Gespräch piepsen ("Minutenton")? Und sollen während des Telefonats auch andere Apps noch per Ton signalisieren dürfen?

Anrufzubehör: Einstellungen, die sich auf Headsets beziehen.

Zusätzliche Einstellungen: Hier handelt es sich um von Ihrem Telefonanbieter bereitgestellte Features. Sie können Ihre eigene Nummer verbergen, eine Rufumleitung definieren, eine automatische Länder-Vorwahl hinzufügen, Anrufsperren definieren (z.B. keine internationalen Anrufe), Anklopfen einschalten oder eine automatische Wahlwiederholung nutzen.

Klingel- und Tastentöne: Wie Ihr Telefon klingelt und vibriert.

Anrufton personalisieren: Verändert die Soundqualität des Telefonats.

Rauschen reduzieren: Aktiviert die Rauschunterdrückung auf Ihrer Seite, das heißt der Anrufer hört Sie klarer.

Bild für Videoanruf: Ihr Standard-Foto.

Mailbox: Hier müssen Sie normalerweise nichts ändern. Interessant ist allenfalls der Ton, der beim Eintreffen einer Mailbox-Nachricht gespielt wird.

Internetanrufe: Wenn Sie über ein Konto bei einem Internet-Telefonieanbieter verfügen, können Sie dieses hier nahtlos in die Telefonfunktion einbauen. Sie brauchen dazu ein so genanntes SIP-Konto. Im Ausland kann das weitaus günstiger sein. Dadurch erhöht sich allerdings der Akku-Verbrauch. Bekannte SIP-Anbieter sind etwa Sipgate (http://www.sipgate.de) und DUS-Net (https://dus.net/de/privatkunden/dustel-starter (https://dus.net/de/privatkunden/dustel-starter)). Für Internet-Telefonie noch bekannter wäre Skype – doch Skype bietet Privatkunden den SIP-Standard nicht an.

SMS

Die SMS ist zwar nicht das günstigste, aber wegen der fast universellen Erreichbarkeit immer noch beliebteste Kommunikationsmittel. Natürlich besitzt auch das Samsung Galaxy S5 eine SMS-Funktion.

Diese erreichen Sie am schnellsten über das Nachrichten-Icon im unteren Bereich des Home-Screens. Der Begriff "SMS" taucht denn auch gar nicht auf.

Es öffnet sich eine (am Anfang noch leere) Liste aller gesendeten und empfangenen Nachrichten. Diese ist nach Aktualität sortiert. Dabei sind alle zu einer Rufnummer gehörenden Nachrichten zu so genannten Konversationen zusammengefasst.

Das Eigenschafts-Menü bietet Ihnen als zweite Option "Löschen" an. Nutzen Sie diese Funktion, werden alle Nachrichten, die Sie mit einem Kontakt ausgetauscht haben, gelöscht! Alle? Fast alle. Wenn Sie nämlich eine Konversation durch Tippen öffnen und dann eine einzelne Nachricht länger antippen, bekommen Sie die Möglichkeit, diese zu sperren. Gesperrte Nachrichten (am kleinen Schloss-Symbol erkennbar) werden beim Löschen einer Konversation nicht mitgelöscht.

Weitere Optionen des Kontextmenüs sind:

Auswählen: Erlaubt Ihnen, bestimmte Nachrichten auszusuchen und dann nur an dieser Untermenge Aktionen auszuführen.

Löschen: Löschen von Konversationen.

Nachrichtenentwürfe: Wenn Sie SMS vor dem Absenden speichern, landen sie in dieser Liste.

Geschützte Nachrichten: All die SMS, die Sie in der Nachrichtenliste gesperrt haben.

Geplante Nachrichten: Beim Formulieren einer SMS können Sie über "Nachricht planen" das Versenden der Nachricht zu einem bestimmten Zeitpunkt anstoßen. Derartige SMS finden Sie hier wieder.

Spam-Nachrichten: Unerwünschte Werbung landet automatisch hier. Das Handy erkennt (unter anderem) Werbung, sobald Sie eine Absender-Rufnummer innerhalb einer Konversation mit "Als Spam-Nr. hinzufügen" markiert haben.

Schriftgröße: Schnelle Änderung der Schriftgröße.

Einstellungen: Siehe unten.

Beachten Sie auch das Such-Icon oben, über das eine Freitextsuche möglich ist.

Beim Lesen einer SMS haben Sie ebenfalls verschiedene Möglichkeiten. Tippen Sie etwas länger auf die Nachricht, um ein Menü aufzurufen. Darüber können Sie:

Löschen

Text kopieren (zur Verwendung in anderen Apps)

Weiterleiten (an andere Empfänger)

Schützen (vor dem Löschen)

Auf die SIM-Karte kopieren (eine Art Backup-Speicher)

Senden (bei Entwürfen, die noch nicht gesendet wurden)

Details anzeigen (Empfangsdatum etc.)

Übersetzen

Eine neue Nachricht schreiben Sie auf zwei verschiedenen Wegen. In einer existierenden Konversation fügen Sie einfach im Textfeld am unteren Bildschirmrand Ihre Nachricht ein. Sie geht dann als Antwort an denselben Adressaten, sobald Sie das Senden-Icon (der kleine Briefkasten) antippen.

Die Büroklammer ermöglicht Ihnen, eine Datei (Bild, Video, aber auch ein Kontakt, ein Memo oder einen Termin) an die Nachricht anzuhängen. Doch Vorsicht: dadurch wird die SMS in eine MMS umgewandelt, die deutlich teurer und nicht auf jedem Handy abrufbar ist. Wenn Sie Anhänge verschicken wollen, benutzen Sie doch lieber eine E-Mail.

Außerdem empfehle ich einen Blick auf das Zusatzmenü, das Sie über das Kontextmenü erreichen. "Betreff hinzufügen" klingt zwar nützlich, führt aber erneut dazu, dass die Nachricht in eine MMS umgewandelt wird. Praktisch ist aber die Option "Schnellantworten", die Ihnen über die SMS-Vorlagen einen Kurztext in die Nachricht einsetzt. Wenn Sie mal wirklich wenig Zeit haben, können Sie hierüber dem Empfänger eine kurze Standard-Mitteilung zukommen lassen. Außerdem lassen sich hier Smileys einsetzen, die Nummern zur VIP- oder Spam-Liste hinzufügen oder die Nachricht über "Nachricht planen" mit einem Zeitstempel versehen. Ihr Handy fordert dann automatisch um 22 Uhr den Nachwuchs zum Zubettgehen auf, obwohl Sie gerade anderweitig beschäftigt sind.

Alternativ dürfen Sie neue Nachrichten auch über das Schreib-Symbol im SMS-Hauptbildschirm formulieren. Auf diesem Weg müssen Sie dann zunächst eine Empfängeradresse angeben, ansonsten gibt es keine Unterschiede.

SMS-Einstellungen

Auch in Sachen SMS bietet das Galaxy S5 eine ganze Reihe Einstellungs-Möglichkeiten.

Standard-Nachrichten-App: Mit dem neuesten Android können Sie die SMS-App auch durch eine andere ersetzen.

Anzeige: Wie sollen die SMS aussehen? Der Blasen-Stil ist für die Darstellung der Konversationen zuständig, der Hintergrundstil erlaubt es, eigene Bilder als SMS-Hintergrund zu verwenden.

Schnellantworten: Kurztexte für eilige Mitteilungen.

SMS: Zustellberichte – kam Ihre SMS auch an?

MMS: Einige unwichtige Einstellungen für (teure) Multimedia-Nachrichten – und eine wichtige: Damit Sie nicht aus Versehen Geld ausgeben, sollten Sie unter "Beschränkungen" zumindest die "Warnung" aktivieren.

Alte Nachrichten löschen: Sollen alte Nachrichten bei Überschreiten einer bestimmten Menge von selbst vom Gerät verschwinden?

VIPs: Soll die VIP-Funktion Verwendung finden?

Benachrichtigungen: Wie wollen Sie erfahren, dass eine neue SMS vorliegt?

Signatur: Ihre Unterschrift in Textform.

Spam-Filter: Ermöglicht Ihnen, SMS je nach Absender oder Inhalt auf eine Spam-Liste zu setzen.

Nachrichten später senden: Wenn Sie gern mal unüberlegt handeln und Ihre Nachrichten dann bedauern, sollten Sie diese Funktion aktivieren. Das Handy hält Ihre SMS dann noch für eine einstellbare Zeit zurück, sodass Sie es sich gegebenenfalls anders überlegen können.

Sicherer Modus: Aktiviert, schaltet die SMS-App alle Links in Nachrichten ab, sodass Sie nicht aus Versehen schädliche Internetseiten besuchen.

Made by Samsung

Diese Funktionen finden Sie in ihrer Gesamtheit derzeit nur auf dem Samsung Galaxy S5. Wie sind sie zu benutzen, welche Apps unterstützen sie? Eine Übersicht.

Air View, Air Browse, Smart Pause und wie Sie alle heißen: Samsung bemüht sich sehr, das S5 von der Konkurrenz abzuheben. Manche sind nützlich, andere Spielerei. Das hängt sicher auch von den persönlichen Vorlieben ab. Die folgende Übersicht soll Ihnen bei der Wahl helfen. Besitzer eines Galaxy S4 müssen sich übrigens von einigen Funktionen verabschieden – es war wohl doch zu viel Spielerei dabei.

S Beam

Sinn: Datenaustausch über physische Nähe von zwei Geräten.

Funktioniert mit: Anderen NFC-fähigen Smartphones und Tablets

Ein-/Ausschalten über: Einstellungen -> Verbinden und Freigeben -> NFC

Air View

Sinn: Preview bestimmter Inhalte durch Positionierung des Fingers über dem Element, ohne Touch.

Funktioniert mit: S-Planner, Galerie, Video (Fortschrittsbalken), Telefontastatur (Kurzwahlvoranzeige), Internet (Websiten-Vergrößerung)

Ein-/Ausschalten über: Einstellungen -> Bewegung -> Air View

Air Browse

Sinn: Mit der Hand über dem Display (ohne Touch) zwischen Elementen wechseln (links / rechts)

Funktioniert mit: Galerie, Internet, MP3-Player, Musik auf Sperrbildschirm, S-Memo

Ein-/Ausschalten über: Einstellungen -> Bewegung -> Bewegungen und Gesten -> Air Browse

Air Call-Accept

Sinn: Gespräch annehmen, indem man mit der Hand über den Bildschirm streicht

Funktioniert mit: Telefon-App

Einstellungen -> Anwendungen -> Anrufeinstellungen -> Anrufe beantworten und bee.. -> Hand über das Gerät bew.

Sprachsteuerung

Sinn: Sprachbefehl statt Tippen. Samsung empfiehlt eine Sprech-Abstand von 20 bis 30 Zentimetern.

Funktioniert mit: Kamera ("Aufnahme", "Klick", "Bitte lächeln!")

Ein-/Ausschalten über: Jeweilige App -> Einstellungen -> Sprachsteuerung

Smart Stay

Sinn: Der Bildschirm schaltet sich nicht aus, solange sie ihn ansehen.

Funktioniert mit: immer – außer wenn die Frontkamera anderweitig verwendet wird.

Ein-/Ausschalten über: Einstellungen -> Ton und Anzeige -> Smart Stay

Smart Pause

Sinn: Video stoppt, wenn Sie nicht mehr auf den Bildschirm sehen.

Funktioniert mit: Videoplayer.

Ein-/Ausschalten über: Einstellungen -> Bewegungen und Gesten -> Stumm / anhalten -> Smart Pause

Intelligente Drehung

Sinn: Passt die Bildschirmausrichtung an den eigenen Blickwinkel an. Wer auf der Seite liegt, möchte den Bildschirm vermutlich im Hochformat sehen, obwohl sich das Handy im Querformat befindet. Der Modus benutzt die Frontkamera.

Funktioniert mit: allen Apps.

Ein-/Ausschalten über: Einstellungen -> Anzeige -> Bildschirmdrehung -> Intelligente Drehung

S Voice

Sinn: Frage-Antwort-Dialog mit dem Handy (siehe unten).

Funktioniert mit: Home-Button doppelt drücken oder “Hallo Galaxy” sagen. Sie können den Aktivierungsbefehl auch selbst festlegen.

Ein-/Ausschalten über: Home-Button oder Weckbefehl

Ruhemodus

Sinn: Signalisiert nur noch ganz bestimmte Anrufe oder Mitteilungen. Manuell oder zeitgesteuert (etwa immer von 21 bis 5 Uhr) aktivierbar.

Funktioniert mit: Anrufe, Benachrichtigungen, Alarme und Timer, LED-Anzeige

Ein-/Ausschalten über: Einstellungen -> Personalisierung -> Ruhemodus

Sicherheitsassistent

Sinn: Zeichnet Fotos und Ton auf, informiert eingetragene Notfallkontakte mit diesen Informationen.

Funktioniert mit: Im Notfall beide Lautstärketasten gleichzeitig für drei Sekunden drücken.

Ein-/Ausschalten über: Einstellungen -> System -> Notfallassistent

Was S Voice kann

Die Spracherkennung S Voice hat einen eigenen Abschnitt verdient. Sie ist zwar nicht ganz so schlau wie Apples "Siri", hat aber auch einige nützliche Seiten.

Beachten Sie beim Sprechen, dass Hintergrundgeräusche die Spracherkennung beeinträchtigen. S Voice funktioniert auch nur mit einer Internet-Verbindung, da Ihre Sprachfetzen vom Server analysiert werden. Wenn S Voice Sie missverstanden hat, können Sie das Ergebnis auf dem Bildschirm editieren. Wenn nur ein Buchstabe zu korrigieren ist, geht das womöglich schneller, als wenn Sie den Befehl ins Mikrofon rufen.

Sie können in ganzen Sätzen mit S Voice sprechen, müssen das aber nicht. “Wetter morgen Paris” geht womöglich schneller als “Wie wird das Wetter morgen in Paris”. Sie brauchen auch nicht bitte zu sagen. Wenn Ihnen S Voice in einem Dialog mehrere Optionen anbietet, lesen Sie entweder die gewünschte Option vor oder sagen “die erste”, “die zweite” oder auch nur “letzte”. Mit “Abbrechen” können Sie jeden Dialog beenden. Wenn S Voice Ihren Befehl nicht verstanden hat, schlägt es eine Internet-Suche vor.

Mit diesen Tätigkeiten kennt S Voice sich aus:

Telefonieren – Nennen Sie den Namen und die Art der Rufnummer, also etwa “Karl auf Handy anrufen” oder “Sabine im Büro anrufen”. Sie können die Telefonnummer auch direkt aufsagen. Mit “Wahlwiederholung” wiederholen Sie einen Anruf.

SMS – Sagen Sie das Schlüsselwort “SMS” und nennen Sie den Adressaten dazu. Die Nachricht selbst diktieren Sie nach dem Schlüsselwort “Nachricht”, falls Sie nicht riskieren wollen, dass S Voice das erste Wort des Textes als Teil des Adressaten interpretiert. Also etwa so: “Sende SMS an Heiner Nachricht Hallo du”. Satzzeichen kann S Voice nicht aus Ihrer Stimm-Melodie extrahieren, Sie müssen sie diktieren. “Lese Nachrichten” (auch mit einem Absendernamen) listet Ihre SMS.

Kontakte – Durchstöbert Ihre Kontakte. Schlüsselworte sind “Suche”, “Adresse” oder “Geburtstag”.

Notizen – Zeichnet (kurze) Notizen in S Memo auf. Stichworte “Memo” oder “Notiz”.

Kalender – Der Kalender S-Planner lässt sich recht komfortabel per Stimme nutzen. Nicht nur einfache Abfragen (“Was steht in meinem Kalender”) sind möglich, sondern auch Funktionen wie das Verschieben und

Löschen von Terminen oder Abfragen nach den Details eines Termins. Schlüsselworte sind “Kalender” oder “Neues Ereignis”.

Aufgaben – Im Umgang mit Aufgaben ist S Voice ebenso flexibel wie beim Kalender. Schlüsselwort: “Aufgabe”.

MP3-Player – Das Schlüsselwort hier ist “Spiele”. Dabei können Sie nach Künstler, Album oder Titel auswählen oder auch nur das nächste oder vorherige Lied befehlen.

Facebook und Twitter – Über “Status” posten Sie ein Status-Update. Nennen Sie danach den Namen des Dienstes (bei Twitter auch “Tweet”).

Suche – Durch Nennung eines Suchanbieters (Google, Bing, Yahoo) und eines oder mehrerer Stichworte wird eine Internet-Suche ausgeführt.

Programme starten – “Öffne” oder “Starte” sind die Befehle, um Apps zu starten.

Sprachaufnahme – Der gleichnamige Befehl startet diese Funktion.

Fahrmodus – Das Handy wechselt über “Fahrmodus ein” in einen Modus, in dem eingehende Anrufe und SMS vorgelesen werden.

Wecker – Der Wecker lässt sich über Befehle wie “Wecke mich morgen um 6” oder “Stelle Alarm für 3 Stunden von jetzt ein” steuern.

Timer – Beim Eierkochen hilft der Timer mit Schlüsselwörtern wie “Stelle Timer für 2 Minuten”, “Timer anhalten” oder “Timer neu starten”.

Einstellungen – “WLAN” und “Bluetooth” ein- beziehungsweise ausschalten.

Navigation – Mit den Befehlen “Stadtplan” oder “Wegbeschreibung”, gefolgt von einem Ort oder einer Adresse, startet die Karten-App.

Schlagzeilen – Liest aktuelle Nachrichten vor, die von der vorinstallierten App Flipboard geliefert werden.

Kamera – Zunächst die Kamera starten (“Kamera”), dann funktionieren Befehle wie “Aufnahme”, “Bitte lächeln!” oder “Klick”.

Wetter – Vorhersage allgemein (“Wetter”) oder für bestimmte Tage und Orte. Sie können auch Stichworte wie “regnen”, “Schnee” oder “Sonne” nutzen.

Einstellungen zu S Voice

In gewissen Grenzen können Sie S Voice auch konfigurieren – rufen Sie dazu das Kontextmenü auf:

Sprache: da brauchen Sie in der Regel wohl Deutsch – es gibt aber auch Englisch, Spanisch, Französisch, Italienisch, Koreanisch, Russisch und Portgugiesisch.

Anstößige Wörter ausblenden: Wenn S Voice böse Wörter erkennt, gibt es stattdessen Sternchen aus.

Über Home-Taste öffnen: S Voice startet durch Doppeltipp auf die Home-Taste.

Mit Sprache wecken: Wollten Sie nicht schon immer, dass Ihr Handy auf “Auf die Knie” reagiert statt auf das langweilige “Hallo Galaxy”?

Automatisch Lautsprecher: Wenn Sie S Voice einen Anruf befehlen, schaltet es von selbst die Freisprechfunktion ein.

Inhalt der Nachricht anzeigen: Zeigt neue SMS an.

Verpasste Ereignisse: Wenn Sie S Voice mit eingeschaltetem Headset öffnen, informiert es über verpasste Anrufe und ähnliches.

Persönliches Briefing: Beim Start von S Voice erscheint eine Übersicht Ihres Terminkalenders.

S Voice-Daten löschen: S Voice merkt sich, was Sie gesagt haben – das können Sie hier löschen.

Privatadresse: Für die Navigation.

Bei Facebook / Twitter anmelden: Nur so kann S Voice in Ihrem Namen in sozialen Netzwerken posten (wenn Sie das wollen).

Die schönsten S-Voice-Dialoge

S Voice liefert Ihnen nicht nur Antworten, sondern kann auch als unterhaltsamer Zeitvertreib dienen. Denn die Software versucht, einen echten Gesprächspartner nachzuahmen und auch bei Smalltalk zu bestehen. Sie brauchen nur die richtigen Fragen zu stellen. Probieren Sie doch ein paar meiner Vorschläge aus – die Antworten habe ich weggelassen, um Ihnen die Überraschung nicht zu nehmen.

Was Sie S Voice (unter anderem) fragen können – ich freue mich auch stets über weitere Tipps!

"Wie geht es dir?"
"Willst du mich heiraten?"
"Liebst du mich?"
"Wie heißt du?"
"Wie alt bist du?"
"Was trinkst du gern?"
"Was ist dein Lieblingsessen?"

“Was ist deine Lieblingsmusik?”
“Was ist dein Lieblingsfilm?”
“Was denkst du über Samsung?”
“Welche Kleidung trägst du gern?”
“Ich will Sex mit dir”
“Ich will mit dir ins Bett gehen”
“Hast du schöne Brüste?”
“Bist du dick?”
“Wo wohnst du?”
“In welche Schule gehst du?”
“Aus welchem Land kommst du?”
“Welche Farbe haben deine Haare?”
“Hallo du”
“Guten Morgen”
“Gute Nacht”
“Wohin gehst du?”
“Wer sind deine Eltern?”
“Hast du Lust?”
“Was soll ich jetzt tun?”
“Was ist dein Beruf?”
“Magst du Blumen?”
“Magst du Rosen?”
“Wie lange lebe ich?”
“Wie lange lebst du?”
“Bist du klug?”
“Bist du dumm?”
“Bist du schön?”
“Bist du groß?”
“Bist du klein?”
“Bist du eine Maschine?”
“Bist du traurig?”
“Bist du fröhlich?”
“Bist du ein Mann?”
“Bist du eine Frau?”
“Hast du Kinder?”
“Wie geht es dir?”
“Kannst du gut küssen?”
“Was ist deine Lieblingsfarbe?”
“Bist du schnell?”

"Bist du dick?"
"Du bist schön"
"Du bist wunderschön"
"Du bist langweilig"
"Wie spät ist es?"
"Du bist dumm."
"Wer hat dich gemacht?"
"Ich hasse dich"
"Kennst du gute Witze?"
"Wie findest du mich?"
"Wo bist du?"
"Blau"
"Trägst du eine Brille?"
"Geld"
"Leben"
"Schwarz"
"Weiß"
"Lila"
"Hast du Freunde?"
"Wie findest du deine Arbeit?"
"Sprichst du Spanisch?"
"Sprichst du Französisch?"
"Sprichst du Englisch?"
"Sprichst du Koreanisch?"
"Sprichst du Chinesisch?"
"Sprichst du Japanisch?"
"Grüß Gott"
"Servus"
"U"
"I"
"A"
"O"
"Geh"
"Hau ab"
"Glaubst du an Gott?"
"Bist du reich?"
"Ich will dich töten"
"Ich will mit dir spielen?"
"Kannst du singen?"

“Kannst du fliegen?”
“Ich will mit dir reden”
“Magst du Bücher?”
“Magst du Mathematik?”
“Kannst du mir ein Gedicht vortragen?”
“Was ist dein Lieblingsgedicht?”
“Was ist dein Lieblingslied?”

E-Mail

Wenn Sie sich ein Smartphone zugelegt haben, stehen die Chancen gut, dass Sie längst mehr E-Mails als SMS-Nachrichten versenden – schon allein der Kosten wegen. Das Samsung Galaxy S5 ermöglicht den Zugang zu wirklich jedem E-Mail-Anbieter. Wie Sie die entsprechenden Konten einrichten, erfahren Sie im entsprechenden Kapitel weiter vorn. Hier gehen wir davon aus, dass Empfang und Senden bereits funktionieren.

Doch eine kleine Ungereimtheit gibt es an dieser Stelle noch: Sie besitzen zwei E-Mail-Programme auf Ihrem Handy. Das eine heißt "E-Mail" und steht in Ihrer Programmliste, wo es am Briefumschlag-Symbol erkennbar ist. Das andere heißt "Gmail" und verbirgt sich auf der zweiten Seite der Programmliste. Wenn Sie nur ein Google-Konto besitzen, nutzen Sie am besten Gmail. Falls Sie jedoch noch irgendwo anders ein Postfach angelegt haben (und sei es im Büro), sollten Sie lieber das E-Mail-Programm nutzen. Es sei denn, Sie wollen Google und die anderen Anbieter unbedingt getrennt halten.

Um ein Google-Postfach mit dem normalen Mail-Programm zu nutzen, müssen Sie das Postfach auch wie ein normales E-Mail-Konto einrichten – Sie dazu das Kapitel "Konten einrichten", wo Sie auch die nötigen Angaben finden. Kleiner Nachteil dieser Vorgehensweise: Die Label (Etiketten), die Sie in Gmail vergeben können, werden im normalen Mail-Programm nicht wiedergegeben. Dafür haben Sie aber auch alle Nachrichten an einem Ort.

Mail-App benutzen

Die für alle E-Mail-Anbieter einsetzbare Mail-App ist relativ simpel gestrickt. Ihr Haupt-Bildschirm enthält einfach eine

Liste all Ihrer E-Mails mit einer kurzen Vorschau auf den Inhalt. Ungelesene Nachrichten sind in fetter Schrift markiert. Wenn Sie die Nachrichten für einen bestimmten Account ansehen wollen, tippen Sie oben auf "Posteingang" und wählen das gewünschte Konto aus. Alternativ darf es auch ein bestimmter Ordner sein. Über "Alle Ordner zeigen" verrät Ihnen die App die gesamte Ordnerstruktur.

Am unteren Bildschirmrand sehen Sie, welche Möglichkeiten Sie nun haben. Von links beginnend sind das:

Neue E-Mail: Verfassen Sie eine neue Nachricht.

Synchronisieren: Ruft neue Post ab.

Suchen: Macht bestimmte Mails passend zum Stichwort ausfindig.

Alle Ordner: Zeigt alle Ordner des Postfachs.

Das zugehörige Kontext-Menü besitzt jedoch noch weitere nützliche Optionen.

Auswählen: Zum Auswählen mehrerer E-Mails und Ausführen gemeinsamer Operationen

Filtern nach: Zeigt nur ungelesene, gelesene, markierte ... Mails

Anzeigemodus: Listet die Mails alle einzeln (Standardansicht) oder nach Absendern zusammengefasst (Konversationsansicht).

Schriftgröße: Wenn der Text nicht mehr lesbar erscheint, können Sie die Schriftgröße erhöhen.

Löschen: Löschen ausgewählter E-Mails

Alles löschen: Löscht alle derzeit angezeigten E-Mails.

Einstellungen (siehe unten).

Eine neue E-Mail schreiben Sie über das Icon unten ganz links. Der Textcursor steht zunächst in der An-Zeile. Sobald Sie lostippen, macht die Software Vorschläge aus Ihrer Kontaktliste, wer als Empfänger passt. Sie können auch mehrere Empfänger aussuchen, wenn Sie das Personen-Symbol benutzen. Dort müssen Sie dann nur Häkchen setzen. Bei Betreffzeile und Text haben Sie alle Freiheiten.

Dateianhänge fügen Sie über das Büroklammer-Symbol hinzu. Bilder, Fotos, Videos und Musik oder Dateien jeder Art dürfen es sein.

Weitere Empfängerfelder stellt der kleine Nach-unten-Pfeil rechts neben dem Adressfeld bereit. Verschicken Sie eine E-Mail in CC ("Carbon Copy"), sehen die Empfänger auch alle anderen Empfängeradressen. Bei BCC ("Blind Carbon Copy") ist das ausgeschlossen. Im Kontext-Menü versteckt sich außerdem die Option, eine Priorität festzulegen. Das würde ich nur im Notfall benutzen, E-Mails mit hoher Priorität wirken schnell aufdringlich. Die Software fügt Ihrer Nachricht automatisch die Signatur hinzu.

Über das Kontext-Menü können Sie E-Mails auch zeitgesteuert versenden, verschlüsseln, signieren und sich selbst als Empfänger eintragen. Wenn Sie Ihre erste Nachricht verschlüsseln oder signieren, müssen Sie eine Art Schlüssel festlegen, der Ihren Mails dann angehängt wird – das übernimmt die App sehr komfortabel für Sie. Beachten Sie allerdings, dass Sie verschlüsselte E-Mails nicht mit jeder Empfänger-Software lesen können. Eine Nachricht, die Sie digital signiert haben, kann der Empfänger stets eindeutig Ihrem Namen zuordnen, er ist also sicher, dass sie von Ihnen kommt und nicht gefälscht ist. Solche Nachrichten sind mit jedem Programm lesbar, jedoch kann nicht jede Software die Gültigkeit prüfen.

E-Mail-Einstellungen

Die oberste Option führt Sie zur Kontoverwaltung, die wir schon vorn besprochen haben. Ansonsten finden Sie:

Anzeige: Soll der Inhalt automatisch so angepasst werden, dass alles auf den Bildschirm passt? Wie groß soll die Vorschau sein, was soll in der Titelzeile stehen?

Standardanzeige: Was passiert, wenn Sie eine E-Mail gelöscht oder verschoben haben?

VIP-Einstellungen: Was passiert mit E-Mails von als VIP eingestellten Absendern?

Spam-Adressen: Hier können Sie Absender-Adressen eintragen, die zur Einordnung als Spam führen. Praktisch hat diese Option keine Bedeutung, da Spam-Absender fast immer gefälscht sind.

Verzögertes senden von E-Mails: Für heißblütige Nutzer könnte es sinnvoll sein, wenn das S5 Nachrichten nicht immer gleich abschickt. Hier können Sie eine Verzögerung festlegen, die Ihnen Bedenkzeit verschafft.

Gmail-App benutzen

Der Vollständigkeit halber betrachten wir trotzdem noch die Gmail-App. Vielleicht sind Sie ja auch ein eingeschworener Google-Fan...

Alle hilfreichen Icons finden Sie hier am oberen Bildschirmrand. Von links nach rechts sind das:

Ordner öffnen: Zeigt Ihnen die Ordnerstruktur Ihres Gmail-Accounts, bei mehreren Accounts können Sie auch das Postfach wechseln.

Neue E-Mail: Schreiben Sie eine neue Nachricht. Empfänger, Betreff und die Nachricht selbst tippen Sie über die virtuelle Tastatur ein. Über das Einstellungs-Menü oben rechts können Sie Bild und Videos anhängen sowie weitere Empfänger hinzufügen.

Suchen: Eine Suchfunktion über Ihr komplettes E-Mail-Archiv.

Kontextmenü, mit den drei Optionen "Aktualisieren" (App schaut nach, ob neue Nachrichten vorliegen), "Label-Einstellungen" (Labels entsprechen bei Google Mail den Ordnern anderer Anbieter – in diesem Menüpunkt können Sie aber auch die Benachrichtigungs-Optionen für alle Mails konfigurieren) und "Einstellungen" (siehe unten)

Gmail-Einstellungen

Der Bereich teilt sich in "Allgemeine Einstellungen" und solche für einzelne Konten auf. Beginnen wir mit den Allgemeinen Einstellungen:

Aktionen ... anzeigen: Soll die App Ihnen nur "Archivieren" oder auch "Löschen" anbieten?

Zum Archivieren wischen: Ein Rechtswisch schiebt die Mail ins Archiv.

Bild des Absenders: Soll ein Absender-Bild zu sehen sein?

Allen antworten: Besser nicht aktivieren – sonst laufen Sie Gefahr, selbst am Verbreiten von Massen-Mails schuld zu sein.

Nachrichten autom. anpa...: Passt eine Mail so an, dass sie auf den Bildschirm passt.

Automatisch fortfahren: Was passiert nach dem Archivieren einer Mail?

E-Mail-Aktionen: Bei welcher Bildschirmausrichtung sind E-Mail-Icons zu sehen?

Aktionsbestätigungen: Was soll die App nur nach Rückfrage ausführen?

Im Kontextmenü der Einstellungen verstecken sich zwei weitere Optionen:

Suchverlauf löschen: Löscht die bisherigen Suchvorgänge.

Bildgenehmigungen löschen: Wenn in einer Nachricht Bilder stecken, zeigt die Gmail-App diese aus Sicherheitsgründen nur nach Rückfrage an. Hier können Sie bereits erteilte Genehmigungen rückgängig machen (und zwar nur alle auf einmal).

Zu den interessanten Konto-Optionen bei Gmail gehören:

Art des Posteingangs: Gmail unterscheidet hier zwischen "normal" und "sortiert". Beim sortierten Eingang versucht ein Algorithmus, Ihre Mails nach Wichtigkeit zu sortieren. Dabei geht Google z. B. danach, wie oft Sie mit einer Person schon Nachrichten ausgetauscht haben oder ob häufig ein bestimmtes Thema vorkommt.

Kategorien des Posteingangs: Erlaubt Ihnen, den Posteingang einzuteilen und normale Mails etwa von Nachrichten aus Sozialen Netzwerken, Werbung oder Benachrichtigungen zu trennen. Auch diese Aufteilung erfolgt automatisiert.

Benachrichtigungen: Soll das S5 neue Gmails melden?

Ton & Vibration für...: Was passiert bei neuen Mails?

Signatur: Die Textzeile, die automatisch unter jeder Nachricht erscheint.

Abwesenheitsnotiz: Eine automatische Antwort, wenn Sie etwa gerade nicht erreichbar sind.

Gmail synchronisieren: Bei teuren Datenverbindungen kann es sinnvoll sein, das Häkchen zu entfernen.

Labels verwalten: Labels entsprechen bei Google Mail den Ordnern anderer Anbieter. Auch "Spam" oder "Inbox" sind im Grunde nur Labels, die man Nachrichten nach Belieben zuordnen kann. Eine Mail kann auch mehrere Labels tragen. Über dieses Menü erreichen Sie eine Liste, in der Sie festlegen können, wie oft (und ob überhaupt) Mails mit diesen Labels auf Ihr Handy übertragen werden. Spam bleibt zum Beispiel schon mal automatisch auf dem Server.

Anhänge herunterladen: Anhänge auf dem Server zu lassen, spart Speicherplatz.

Bilder: Soll Gmail Bilder anzeigen?

Terminverwaltung

Der Kalender, Samsung hat ihn unter dem Namen S Planner ordentlich aufpoliert, ist schon an seinem Symbol sehr gut zu erkennen. Er ist unscheinbar, aber eine der wichtigsten Apps. Selbst wer sein Smartphone nur privat einsetzt, dürfte davon profitieren, rechtzeitig an Geburts- oder Hochzeitstage erinnert zu werden. Als Datenquellen dienen der Terminverwaltung die Konten, die Sie im Grundlagen-Kapitel definiert haben.

S Planner erwartet Sie mit einer Ansicht des aktuellen Monats. Durch Wischbewegungen nach links oder rechts oder Tippen auf die Scrollpfeile blättern Sie vor oder zurück. Tippen Sie auf einen bestimmten Tag, erscheint die Tagesübersicht. Woher die angezeigten Termine stammen, versucht die App durch unterschiedliche Farben zu symbolisieren. Tippen Sie auf "Heute", landen Sie wieder beim aktuellen Datum.

Einen neuen Termin fügen Sie in jeder Ansicht über das Plus-Icon hinzu – oder indem Sie länger auf eine freie Stelle im Kalender tippen. Oben müssen Sie dann wählen, in welchem Kalender der Termin gespeichert werden soll. Ansonsten brauchen Sie auf jeden Fall Überschrift ("Titel") und Uhrzeit, Ort, Beschreibung und so weiter sind fakultativ.

Für Business-Nutzer interessant ist die Möglichkeit, über "Weitere Optionen" die eigene Verfügbarkeit oder weitere Teilnehmer einzutragen. Das verhindert, dass Sie sich zwei Meetings zur selben Zeit zumuten.

Gleichzeitig legen Sie fest, wann Sie an den Termin erinnert werden wollen, und wie. Benachrichtigung auf dem Handy oder E-Mail? Ersteres nutzt Ihnen nichts, falls Sie das Handy nicht immer dabei haben, ist aber wirksamer.

Bei Geburtstagen und ähnlichen wiederkehrenden Terminen empfiehlt sich, auch gleich die Wiederholungs-Fristen einzutragen.

Über das Kontextmenü erreichen Sie diese Optionen:

Öffnen: Springt zu einem bestimmten Datum.

Löschen: Löscht mehrere Ereignisse auf einmal.

Suche: Sucht im Kalender.

Kalender: Welche Kalender sollen mit angezeigt werden?

Sync: Lädt aktuelle Daten vom Server.

Einstellungen: siehe unten.

Kalender-Einstellungen

So weit – so gut. Sie sehen schon, der Kalender ist gar nicht kompliziert zu bedienen: Der Inhalt zählt. Widmen wir uns trotzdem noch dem Einstellungs-Menü, das mit diesen Optionen aufwartet:

Erster Tag der Woche: Dürfte bei den meisten Montag sein.

Wochennummern anzeigen: Finde ich sehr praktisch.

Abgelehnte Ereignisse au...: Ist das Häkchen gesetzt, werden von Ihnen abgelehnte Einladungen nicht angezeigt.

Abgeschlossene Aufgabe..: Sollen auch beendete Aufgaben gezeigt werden?

Wetter: Soll der Kalender auch den Wetterbericht anzeigen?

Zeitzone festlegen: Wenn Sie darüber die Zeitzone wechseln, passt der Kalender die Zeiten Ihrer Termine an, sodass Sie etwa auch bei Auslandsreisen nicht durcheinander kommen.

Alarmtyp: Wie soll der Kalender Sie erinnern?

Benachrichtigungston: Die akustische Erinnerung.

Vibration: Wer nicht hören will, muss fühlen...

Schnellantworten: Wenn Sie es etwa nicht zum Termin schaffen, können Sie andere Teilnehmer darüber schnell benachrichtigen.

Navigation im Internet

Android wird als von Google entwickeltes Betriebssystem natürlich auch mit dem Google-Webbrowser Chrome ausgeliefert, jedenfalls seit Version 4.1. Beim Samsung Galaxy S5 ist das nicht anders. Allerdings hat Samsung den Browser mit ein paar eigenen Erweiterungen versehen. Er heißt auf dem Handy einfach nur “Internet”, und das trifft es ja ganz gut.

Das Original von Google ist jedoch trotzdem mit dabei, und zwar im Programmordner Google. Was Sie lieber nutzen sollten, ist schwer zu sagen. Vermutlich wird das Google-Chrome öfter Updates erfahren und damit aktueller bleiben. Nur damit ist es auch derzeit möglich, Lesezeichen mit Chrome-Installationen auf PCs zu teilen.

Sie müssen sich aber auch gar nicht unbedingt entscheiden, denn Sie können ja auch einfach nach Bedarf wechseln. Die Bedienung unterscheidet sich allenfalls minimal: Beim Samsung-Chrome und beim Google-Chrome sehen die Menüs zwar anders aus, sind jedoch technisch meist identisch.

Websurfen mit Chrome

Chrome zählt zu den beliebtesten Browsern auf Mobiltelefonen überhaupt. Zwar gibt es auch einige bemerkenswerte Konkurrenzprodukte, doch gerade die Tatsache, dass Chrome auf jedem Android-Smartphone vorinstalliert ist, erleichtert die Nutzung ungemein, denn auf diese Weise ist eine sehr große Benutzerbasis eigentlich schon eine Selbstverständlichkeit.

Um Chrome zu starten, tippen Sie einmal auf das Symbol auf dem Home-Screen Ihres Smartphones. Dieses Symbol sieht aus wie ein dreifarbiger Kreis mit einem blauen Ball in der Mitte (Google-Chrome) beziehungsweise wie ein Erdball ("Internet").

Nachdem Sie Chrome geöffnet haben, sehen Sie den Startbildschirm vor sich, der normalerweise aus der Startseite www.google.de besteht.

Ganz oben, unterhalb der Statusleiste Ihres Smartphones, sehen Sie die Adresszeile. Daneben befinden sich ein Button, der für die Steuerung von mehreren sogenannten Tabs verantwortlich ist (dazu später mehr), und ein Button für weitere Optionen. Sehen wir uns zunächst die Adresszeile an.

Die Navigation

Tippen Sie mit Ihre Finger in die Adresszeile, öffnet sich eine virtuelle Tastatur am unteren Bildschirmrand. Dort geben Sie anschließend die gewünschte Adresse ein und bestätigen dann mit einem Fingerdruck auf die Enter-Taste ganz unten rechts auf der Tastatur. Anschließend wird sich Ihre gewünschte Seite öffnen. Gleichzeitig können Sie Chrome für Android aber auch so nutzen, dass Sie nicht unbedingt eine Suchmaschine – wie etwa Google selbst – aufrufen müssen, um nach Begriffen zu suchen. Dazu geben Sie einfach einen beliebigen Betriff in die Adresszeile ein und bestätigen dann mit der Eingabetaste. Wenn Sie dabei auf die sogenannte Länderkennung verzichten – also etwa .de, .com oder andere Endungen –, sucht Google automatisch nach dem Begriff. Das ist praktisch, denn so sind Sie nicht auf eine zusätzliche Suchleiste angewiesen.

Sobald Sie Ihre gewünschte Seite geöffnet haben und alle Inhalte geladen wurden, navigieren Sie ganz einfach mit Ihrem Finger über die Seite. Wenn Sie etwa den Finger auf dem Display gedrückt halten und nach oben wischen, scrollen Sie die Seite nach unten. Das funktioniert in jede Richtung und fühlt sich in etwa so an, als würden Sie die Seite an diesem Punkt mit Ihrem Finger festhalten. In der Praxis funktioniert das hervorragend, was ein ganz neues Gefühl der Internetnavigation hervorruft.

Falls Ihnen die Schriften und Bilder auf einer Seite als zu klein oder zu groß erscheinen, können Sie diese stufenlos zoomen, um so einen perfekten Überblick zu erhalten. Dazu nehmen Sie zwei Finger – idealerweise den Daumen und den Zeigefinger –, platzieren diese nebeneinander auf dem Bildschirm und ziehen diese dann auseinander. Dadurch zoomen Sie in das Bild hinein. Umgekehrt verkleinern Sie zu große Bilder oder andere Inhalte auch, wenn Sie Ihre Finger wieder aufeinanderzubewegen. Dieses Feature wird in der Fachsprache auch als Pinch-Zoom bezeichnet, und es wird Ihnen auch in anderen Applikationen immer wieder begegnen. Wahlweise können Sie auch einfach einen simplen „Doppelklick“ mit Ihren Fingern ausführen, doch dann haben Sie keine genaue Möglichkeit, die Tiefe des Zooms zu regulieren.

Die Navigation auf den Webseiten selbst ist schließlich nicht weiter kompliziert und erinnert an die Bedienung, die Sie auch von Ihrem Internet Browser am Computer kennen. Links folgen Sie ganz einfach, indem Sie mit Ihrem Finger kurz darauf tippen. Chrome hilft Ihnen außerdem für den Fall, dass mehrere Links sehr eng beieinander platziert sind. Ist das der Fall, öffnet sich ein kleines Fenster und fragt Sie, ob Sie tatsächlich diesen Link meinten oder nicht vielleicht doch einen anderen. Da der Finger im Vergleich zum Mauszeiger ein eher unpräzises Zeigeinstrument ist, werden Sie wahrscheinlich häufiger von dieser sinnvollen Funktion Gebrauch machen müssen.

Umgang mit Lesezeichen

Da Sie wohl nicht jedes Mal wieder die Adresse Ihrer Lieblingsseiten eingeben möchten oder beim Stöbern im Internet auch einfach so auf interessante Webseiten stoßen, können Sie auch Lesezeichen anlegen. Folgen Sie dazu einfach dieser Anleitung.

Tippen Sie zunächst auf das Symbol mit dem Sternchen oben links neben der Webadresse, wenn Sie sich auf der Seite befinden, welche Sie als Lesezeichen markieren möchten. Im anschließenden Menü brauchen Sie bloß noch auf “Speichern” zu tippen, und diese Seite wird als Lesezeichen gespeichert.

Um das Lesezeichenmenü aufzurufen, tippen Sie auf das Icon ganz unten rechts, das wie ein Lesezeichen mit Stern aussieht. Dort finden Sie anschließend alle von Ihnen erstellten Lesezeichen in einem übersichtlichen Menü, sogar mit kleiner Vorschau. Wenn Ihr Lesezeichen-Menü zu unübsichtlich wird, können Sie über das Einstellungs-Menü auch eine Listenansicht erzeugen oder neue Unterordner anlegen. Die Lesezeichen resp. Favoriten werden auf dem Samsung-Server gespeichert.

Weiterhin ist es möglich, dass Sie Ihre Favoriten auch direkt auf Ihrem Home-Screen anzeigen lassen. Das heißt, dass Sie Chrome in Zukunft nicht separat öffnen müssen, um vielleicht die Nachrichten auf Ihrer bevorzugten News-Webseite zu lesen. Stattdessen tippen Sie einfach auf Ihr Lesezeichen, und die gewünschte Seite öffnet sich sofort. Um einen solchen Link auf dem Home-Screen zu platzieren, wählen Sie im Lesezeichen-Menü das Lesezeichen aus, das Sie auf den Home-Screen verfrachten möchten. Halten Sie dazu den Finger lange auf dem Lesezeichen gedrückt.

Nun können Sie im Kontextmenü oben rechts die Option “Shortcut zu Startbildschirm hinzufügen” wählen. Tippen

Sie darauf, um einen permanenten Link zu diesem Lesezeichen auf Ihrem Home-Screen zu erzeugen.

Browsen mit Tabs

Kommen wir nun zu einem weiteren wichtigen Feature, ohne welches Sie Ihren Browser kaum bedienen können. Tabs wurden am Computer zuerst vom Browser Opera eingeführt, inzwischen bietet jedoch jeder Internet Browser diese unverzichtbare Funktion – also auch Chrome für Android.

Mithilfe von Tabs können Sie mehrere Seiten gleichzeitig aufrufen und diese im Hintergrund geöffnet lassen. Das ist sehr angenehm, wenn Sie etwa – beispielsweise – bei Amazon gerade nach einem bestimmten Produkt stöbern, gleichzeitig aber die Nachrichten bei FOCUS Online lesen wollen und nebenbei Facebook aufrufen möchten, um sich über den Status Ihrer Freunde zu informieren. Durch Tabs ist das alles möglich, ohne eine Seite schließen zu müssen. Je mehr Tabs Sie nutzen, desto stärker muss allerdings auch die Hardware in Ihrem Handy ausfallen.

Um einen neuen Tab zu öffnen, tippen Sie mit dem Finger einmal kurz auf das Symbol oben rechts, das aussieht wie zwei übereinander gestapelte Fenster mit einer Ziffer in der Mitte. Es öffnet sich eine Übersicht aller bereits genutzten Tabs, der so genannte Fenster-Manager. Wenn Sie daraus ein bestimmtes Fenster aufrufen wollen, tippen Sie einfach darauf. Ein Fenster, das Sie nicht mehr brauchen, schieben Sie mit dem Finger aus dem Bildschirm heraus oder tippen auf das Minus-Zeichen.

In der Leiste oben hingegen sehen Sie nun ein “+” – es dient zum Anlegen eines neuen Tabs. Daraufhin öffnet sich ein neues Browser-Fenster, das Sie in den meisten Fällen ebenso jungfräulich begrüßt wie Ihr erstes

Startfenster. Dieses bedienen Sie nun auf dieselbe Weise wie alle anderen Browser-Fenster auch. Sie können also Adressen oder Suchbegriffe eingeben, auf Seiten surfen und Links anklicken und so weiter.

Durch das Tippen auf “Anonymer Modus” im Eigenschafts-Menü öffnen Sie hingegen ein Browser-Fenster, welches später nicht wieder zurückverfolgt werden kann. Es wird kein Verlauf in Ihrem Browser gespeichert, und auch Chrome auf Ihrem Computer – welches Sie automatisch mit Android Chrome synchronisieren können – wird alle Seiten in diesem Tab später nicht mehr im Verlauf anzeigen. Wenn Sie also nicht wollen, dass andere Nutzer Ihren Verlauf nachvollziehen können, ist dieser Inkognito-Tab die richtige Wahl für Sie. “Alle beenden” hingegen nutzen Sie, wenn Sie ausnahmslos alle Tabs auf einmal beenden möchten. Auf den Menüpunkt “Einstellungen” kommen wir später noch einmal zurück.

In der Tab-Übersicht erledigen Sie jedoch auch andere Aufgaben: Mit dem erwähnten Pinch-Zoom vergrößern Sie einzelne Tabs etwa kurz, um vielleicht besser erkennen zu können, was genau dort zu finden ist – denn bei zu vielen Tabs kann man schon einmal die Übersicht verlieren. Außerdem finden Sie in der oberen rechten Ecke eines jeden Tabs einen Button zum sofortigen Schließen, sodass Sie diese Seite nicht gesondert aufrufen müssen, nur um diese anschließend wieder zu beenden.

Alle genannten Funktionen funktionieren übrigens sowohl im Portrait- als auch Panoramamodus. Sie können das Handy also halten, wie Sie wollen, ohne dabei an Funktionalität einzubüßen.

Diese Optionen stellt Ihnen das Kontext-Menü des Internet-Browsers bereit:

Neues Fenster: Öffnet einen neuen Tab.

Neues anonymes Fenster: Damit hinterlassen Sie keinerlei Datenspuren mehr.

Zu Schnellzugriffen hinzufügen: Legt eine Adresse in den so genannten Schnellzugriffen ab, die auf jedem neuen, leeren Tab zu sehen sind.

Shortcut zu Startbildschirm h..: Setzt einen direkten Link zur Seite auf den Start-Bildschirm.

Seite speichern: Legt eine Kopie der Seite im Speicher ab.

Auf der Seite suchen: Suchfunktion.

Desktop-Ansicht: Manche Seiten liefern Android-Handys nur abgespeckte Darstellungen. Bei der großartigen Auflösung Ihres Samsung Galaxy S5 ist das unnötig – hiermit können Sie die volle Ladung anfordern. Zeigt die Seite, wie sie auf dem PC aussehen würde.

Helligkeit: Verändert die Bildschirm-Helligkeit.

Drucken: Drucken der Seite auf WLAN- oder WiFi-Direct-Druckern. Auch das Speichern als PDF ist hier möglich.

Einstellungen: siehe unten.

Browser-Einstellungen

Sie wissen nun, wie Sie im Internet surfen, mit Ihren Tabs umgehen und Text eingeben – was bereits fast alle wichtigen Funktionen abdeckt. Kommen wir an dieser Stelle also noch einmal auf das Menü der Einstellungen zurück.

Konto: Mit welchem Konto sollen Ihre Favoriten etc. synchronisiert werden?

Startseite festlegen: Beginnen Sie doch immer auf Ihrer Lieblingsseite.

Formulare automatisch ausf..: Diese Einstellung nutzen Sie, um auszuwählen, ob Chrome für Sie Benutzernamen und andere wichtige Formulardaten speichern und bei einem Wiederbesuch einer Seite automatisch eingeben soll. Falls Sie keine Sicherheitsbedenken haben, ist dies ein sehr praktisches Feature.

Bei Chrome anmelden: Nur beim Original-Chrome, ganz unten im Display. Mit dieser Einstellung melden Sie sich mit Ihrer E-Mail-Adresse – falls vorhanden – bei Chrome an. Das hilft Ihnen dabei, Ihren Browser mit Ihrem Computer zu synchronisieren. Für den Anfang ist das aber sicherlich nicht notwendig.

Datenschutz: Einstellungen rund um Formulardaten und Kennwörter. Hier können Sie Ihre persönlichen Daten auch komplett löschen.

Bildschirm und Text: Verbessert die Lesbarkeit, indem etwa Texte größer dargestellt werden.

Inhaltseinstellungen: Soll der Browser Cookies akzeptieren (kleine Datenschnippsel, die Websites auf Ihrem Handy ablegen), erlauben Sie den Zugriff auf Ihren Standort, sollen lästige Popup-Fenster blockiert werden?

Bandbreitenverwaltung: Hier legen Sie fest, wie Ihr Handy mit der Bandbreite für Ihren Internetzugang umgehen soll. Mit der Option "Webseiten vorladen" versucht der Browser, das Surfen zu beschleunigen, indem er bestimmte Seiten bereits vor dem Aufrufen lädt.

Apps, Spiele, Filme, eBooks, MP3: Digitale Inhalte kaufen

Beim Play Store handelt es sich um einen Online-Shop, mit dem Sie Inhalte verschiedenster Art auf Ihr Smartphone laden können: Apps (Mini-Programme), Musik, Videos und eBooks. Es ist auf jedem Handy mit Android vorinstalliert, sodass Sie das Programm nicht erst herunterladen müssen.

Das Interface von Google Play

In der neuesten Version von Google Play erhalten Sie zunächst eine Übersicht über die zur Verfügung stehenden Kategorien und eine unendliche Liste an interessanten Items. Diese Liste sieht bei jedem Handynutzer anders aus, da sie sich aus denjenigen Links zusammensetzt, die Sie persönlich wahrscheinlich bevorzugen. Halten Sie dazu Ihren Finger auf dem Display gedrückt und bewegen Sie ihn nach oben, um in dieser Liste zu scrollen.

Ein Ende gibt es dabei nicht, denn Google Play lädt einfach immer weiter Filme, Bücher oder Songs nach, die andere Benutzer oder Sie für empfehlenswert erachten. Das Feature eignet sich daher vor allem als eine Art Stöbern wie in einem echten Geschäft. Ab und zu finden Sie hier sicherlich Filme oder andere Dinge, die Ihnen zusagen, doch das eigentliche Geschehen spielt sich ganz oben ab. Scrollen Sie also wieder nach oben, indem Sie Ihren Finger in die entgegengesetzte Richtung bewegen.

Am oberen Bildschirmrand, aber noch unterhalb der Statusleiste Ihres Smartphones, bekommen Sie zunächst eine Google-typische Suchleiste zu sehen. Tippen Sie auf die Lupe, um eine virtuelle Tastatur zu sehen, mit welcher Sie dann Ihren Suchbegriff eingeben können. Dabei kann es sich sowohl um Apps als auch Filme oder Bücher handeln. Google Play findet selbst heraus, wonach Sie gerade wahrscheinlich suchen. Neben der angesprochenen Lupe finden Sie außerdem das Einstellungsmenü, doch das soll uns an dieser Stelle zunächst nicht weiter interessieren.

Unterhalb der Suchleiste finden Sie alle Kategorien von Google Play übersichtlich aufgelistet. Dementsprechend finden Sie hier sechs Kategorien:

Apps: Tippen Sie einmal auf Apps, um dieses Menü zu öffnen. Hier finden Sie alle Apps, die Sie durch Google Play im Moment herunterladen können – und das sind immerhin etwa 800.000 Stück. Um den Überblick zu behalten, ist auch diese Sektion in zahlreiche Untermenüs unterteilt. Am oberen Bildschirmrand finden Sie Möglichkeiten, die Art der Apps nach unterschiedlichen Kategorien unterteilt anzeigen zu lassen. Hier finden Sie etwa die besten kostenlosen Apps, die besten kostenpflichtigen Apps, die besten neuen Apps oder auch solche Programme, die gerade aus irgendeinem Grund besonders viele Nutzer interessieren. Diese Sektionen können Sie sich ganz einfach anschauen, indem Sie entweder mit dem Finger direkt darauf tippen oder den Finger auf dem Display halten und dann zur Seite ziehen. Es ist auf diese Weise sehr einfach möglich, den gesamten Marktplatz zu durchsuchen, ohne die Übersicht zu verlieren. In der Home-Sektion bekommen Sie hingegen eine Mischung aus allen Kategorien gezeigt. Hier werden Sie auch sehen, dass diese Apps mit einem kleinen Button ausgestattet sind, welcher optisch dem Einstellungs-Button ähnelt, welchen Sie auch ganz oben auf dem Display finden. Sobald Sie

darauf tippen, können Sie diese App entweder kaufen oder Ihrer Wunschliste hinzufügen, sodass vielleicht Bekannte oder Freunde Ihnen diese App schenken können.

Spiele: Leistungsfähige Smartphone eignen sich auch hervorragend, um sich ein wenig die Zeit zu vertreiben. Aus diesem Grund finden Sie in dieser Sektion zahlreiche aktuelle Spiele und zeitlose Klassiker wie etwa Angry Birds. Die meisten dieser Spiele sind kostenlos erhältlich, andere wiederum schlagen mit einigen wenigen Euros zu Buche. Auch hier bekommen Sie wieder unterschiedliche Kategorien wie besonders beliebte oder neue Spiele geboten, die Sie wieder mit einem einfachen Wischen erreichen können. Achten Sie hier allerdings darauf, dass unterschiedliche Spiele auch unterschiedliche Hardware-Anforderungen an Ihr Smartphone stellen. Wenn Sie sich nicht sicher sind, ob Ihr Smartphone ein bestimmtes Spiel flüssig darstellen kann, sollten Sie es vor dem Kauf auf jeden Fall ausprobieren. Tippen Sie dazu auf das Spiel und sehen Sie in den Informationen nach, ob davon eine Testversion angeboten wird. Ansonsten unterscheidet sich die Bedienung nicht von den anderen bislang besprochenen Sektionen.

Filme: In dieser Kategorie befinden sich, nicht ganz überraschend, diverse Filme oder Serien, die zum Download bereitstehen. Auch hier finden Sie am oberen Bildschirmrand wieder unterschiedliche Kategorien, wie etwa besonders beliebte oder neue Filme. Wenn Sie bereits vorher bei Google Play eingekauft haben, wird Ihr Smartphone versuchen, Ihnen Filme anzubieten, die Sie wahrscheinlich interessieren. Können Sie sich besonders für Komödien begeistern, werden Ihnen auf dem Home-Screen dieser Sektion etwa neue Filme aus diesem

Genre vorgestellt. Auch hier tippen Sie wieder mit dem Finger auf einen Film, um ihn kaufen oder Ihrer Wunschliste hinzufügen zu können. Beim anschließenden Download der Filme sollten Sie allerdings darauf achten, möglichst einen WLAN-Anschluss zu nutzen, denn Filme benötigen sehr viel Bandbreite, die Ihnen bei Ihrem Handy-Vertrag wahrscheinlich gar nicht zur Verfügung steht. Wie immer haben Sie mit der Lupe am oberen Bildschirmrand auch hier die Möglichkeit, gezielt nach Ihren Wunschfilmen zu suchen.

Musik: Unter diesem Menüpunkt finden Sie so gut wie alles, was Ihr Musikherz begehren könnte (mit Ausnahme von weniger bekannten Künstlern). Sobald Sie auf Musik tippen, öffnet sich diese Sektion, die wie auch Film & TV in zahlreiche Unterkategorien eingeteilt ist. Indem Sie nach links oder rechts wischen, scrollen Sie durch diese Kategorien, wie etwa die beliebtesten Alben, die beliebtesten einzelnen Songs oder auch ganz neue Musik, die gerade erst erschienen ist. Mit einem kurzen Tippen auf Ihren gewünschten Titel können Sie diesen wieder einfach nur kaufen oder zu Ihrer Wunschliste hinzufügen. Der Preis wird übersichtlich eingeblendet und bewegt sich bei einzelnen Liedern meist im Bereich um 99 Cent. Ein solcher Song ist außerdem sehr schnell heruntergeladen, sodass Sie Ihre Musik fast sofort hören können.

Bücher: Wie der Name schon sagt, finden Sie hier zahlreiche derzeit angesagte und auch ältere Bücher, die Sie anschließend auf Ihrem Smartphone lesen können. Bei hochauflösenden Displays macht das sogar Spaß und steht dem Lesevergnügen mit einem echten Buch in nichts nach. Auch hier navigieren Sie per Fingerwisch durch die unterschiedlichen Kategorien und können sich mit der virtuellen Tastatur

und der Suchfunktion auf die Suche nach den eBooks machen. Über vier Millionen Bücher sind hier übrigens zu finden, sodass es nicht schwer sein sollte, Ihr Wunschbuch zu finden. Der Download fällt bei diesen Datenpaketen außerdem besonders klein aus, sodass Sie sich keine Gedanken über Ihr Datenvolumen machen müssen.

Übergreifende Funktionen von Google Play

Neben den angesprochenen Sektionen gibt es noch weitere Details, die Sie über Google Play wissen müssen. Wie finden Sie beispielsweise heraus, ob eine App, ein Buch oder auch ein Film empfehlenswert ist?

Nehmen wir als Beispiel einen Film. Sobald Sie diesen Film durch die Suchfunktion oder beim Stöbern gefunden haben, sehen Sie in dem Fenster auch ein Sternesystem. Dies unterteilt die Güte des Films in ein bis fünf Sterne – je mehr Sterne, umso besser der Film (aus Sicht der anderen Nutzer).

Dies lässt sich auch auf alle anderen Dinge bei Google Play übertragen, denn Apps, Bücher und so weiter werden auf dieselbe Weise bewertet. Hier bekommen Sie also einen schnellen Überblick darüber, ob sich Ihr gefundenes Item lohnt oder nicht. Indem Sie sich die Details der App durch ein einfaches Antippen anschauen, können Sie auch umfassendere Rezensionen von anderen Nutzern verfolgen oder diese selbst verfassen. So bekommen Sie einen genaueren Überblick darüber, warum ein Film oder vielleicht ein Musikalbum eine so gute oder so schlechte Bewertung erhalten hat. Außerdem vermeiden Sie dadurch Fehlkäufe bei teureren Apps. Kaufen Sie daher niemals blind ein, sondern sehen

Sie sich zumindest einen Teil der Rezensionen genauer an.

Wenn Sie auf das Wort “Play Store” tippen, öffnet sich ein Menü mit Ihrem Appstore-Konto. Dort sehen Sie, welche Apps Sie schon gekauft haben und was auf Ihrer Wunschliste steht. Außerdem können Sie hier Gutscheine einlösen.

Das Einstellungsmenü

Im Home-Screen von Google Play tippen Sie ganz oben links auf die drei Striche und gehen anschließend auf den Punkt “Einstellungen”. Hier regeln Sie diverse Detaileinstellungen, von denen wir die wichtigen Punkte kurz ansprechen:

Benachrichtigungen: Soll der Play Store Sie über neue Programmversionen informieren?

Automatisches App-Updates: Hier legen Sie global fest – also als Einstellung, die für jede installierte App gilt -, ob sich Ihre installierten Apps selbst updaten sollten oder nicht. Normalerweise kann es nicht schaden, diese Option zu aktivieren. Mehr zu diesem Punkt finden Sie im Abschnitt „So verwalten Sie Apps“.

Symbol zu Startbildschir..: Soll eine neue App automatisch auf dem Startbildschirm landen?

Suchverlauf löschen: Mit dieser Funktionen löschen Sie Ihren gesamten Suchverlauf. Das ist praktisch, wenn Sie nicht wollen, dass andere Nutzer Ihren Verlauf nachvollziehen können.

Filter für Inhalte: Falls Minderjährige Ihr Handy nutzen, können Sie einstellen, ob bestimmte Inhaltstypen verboten sind.

Passwort: Diese Option sollten Sie aktivieren. Damit wird die Eingabe eines Passwortes verlangt, wenn Sie ein kostenpflichtige App (oder einen Film, ein Buch oder andere Medien) herunterladen möchten. Sie schützen sich damit vor Missbrauch, falls Sie Ihr Handy verlieren oder es gestohlen wird.

So installieren Sie Apps

Wenn Sie eine App gefunden haben, welche Sie ausprobieren möchten, tippen Sie einmal mit dem Finger darauf. Ein detailliertes Menü erscheint. Tippen Sie mit dem Finger auf den Bildschirm und scrollen Sie nach oben oder unten, um eine Produktbeschreibung zu erhalten oder auch Rezensionen von anderen Nutzern zu lesen.

Während Sie scrollen, bleiben jederzeit am oberen Bildschirmrand der Name und das Logo der App bestehen. Direkt daneben befindet sich ein Button mit der Aufschrift “Installieren”. Tippen Sie diesen an und Sie gelangen in ein Menü, welches Sie nach der Erlaubnis fragt, auf verschiedene Funktionen Ihres Smartphones zuzugreifen. Normalerweise befinden sich hier keine bedenklichen Einträge. Tippen Sie auf “Akzeptieren”, um die Installation in die Wege zu leiten. Ihre App wird dann im Hintergrund installiert, Sie können während dieser Zeit also problemlos andere Bereiche im Google Play Store besuchen.

So bezahlen Sie Apps

Um Apps zu bezahlen, benötigen Sie einen (kostenlosen) Google-Account, welchen die meisten Nutzer wahrscheinlich bereits haben. Wer etwa bei YouTube oder G-Mail oder Google+ angemeldet ist, hat auch einen

Google-Account. Die Auswahlmöglichkeiten für das Bezahlen von Apps reichen hierzulande von Kreditkarten bis hin zu Debitkarten oder – die bequeme Möglichkeit – auch zur Telefonrechnung.

Wenn Sie einen Vertrag bei der Deutschen Telekom oder auch Vodafone oder O2 haben, können Sie Apps ganz einfach über die Telefonrechnung bezahlen, was hierzulande wohl die mit Abstand bequemste Lösung sein dürfte.

So verwalten Sie Apps

Vorweg: Filme, Bücher, Apps & Co. funktionieren bei Google Play alle nach demselben Schema. Wir gehen jetzt ein wenig genauer auf die Handhabung von Apps ein, doch Sie können alle anderen Sektionen von Google Play auf eine sehr ähnliche Weise bedienen, sodass es verschwendete Zeit wäre, für jede Sektion eine eigene Anleitung zu verfassen.

Wenn Sie sich nicht ganz sicher sind, wie Sie bestimmte Funktionen in anderen Bereichen von Google Play ausführen, ersetzen Sie im folgenden Abschnitt einfach das Wort App durch Filme, Bücher oder was auch immer Sie wünschen – das Ergebnis sollte in etwa stimmen.

Um Apps besser zu verwalten, tippen Sie einfach im Home-Screen von Google Play auf Symbol am oberen linken Bildschirmrand und danach auf "Meine Apps". Dort finden Sie alle Apps, die Sie derzeit auf Ihrem Smartphone installiert haben. Diese sind alphabetisch sortiert, sodass Sie jede App relativ schnell finden sollten. Indem Sie mit dem Finger nach oben oder unten wischen, scrollen Sie durch die Liste. Wählen Sie nun eine beliebige App aus und tippen Sie mit dem Finger darauf.

Anschließend öffnet sich ein Detailmenü, das Ihnen die folgenden Optionen gewährt:

Bewerten und rezensieren: Hier vergeben Sie selbst mit einem einfachen Antippen bis zu fünf Sterne an Ihre App. Ihre Bewertung fließt anschließend in Google Play ein. Indem Sie auf Rezensieren klicken, können Sie mithilfe einer virtuellen Tastatur auch einfach selbst ein paar Wörter zu der App schreiben. Achten Sie dabei auf eine möglichst objektive Berichterstattung und bedenken Sie, dass andere Nutzer an hilfreichen Informationen interessiert sind – und nicht etwa an einem einfachen „Gefällt mir nicht".

Neue Funktionen: Ganz unten finden Sie Änderungen, die mit dem letzten Update dieser App vorgenommen wurden. Im Regelfall sollte das für Sie jedoch uninteressant sein.

Während Sie in der Mitte eigene Screenshots des Programms selbst sehen, bekommen Sie direkt darüber Zugriff auf weitere Funktionen. Indem Sie "Öffnen" anklicken, können Sie diese App auch hier im Google Play Store starten. Sie müssen dann nicht mehr auf den Home-Screen Ihres Smartphones zurück und sie dort auswählen. Außerdem können Sie die App hier mit einem Tippen auf "Deinstallieren" auch wieder von Ihrem Smartphone entfernen. Dies sollten Sie, wenn möglich, immer sofort machen, wenn Ihnen eine App nicht gefällt. Damit vermeiden Sie, dass Sie im Laufe der Zeit Ihr Handy mit Apps überfluten, die Sie gar nicht brauchen.

Eine weitere wichtige Funktion verbirgt sich hinter dem Einstellungsbutton am oberen Bildschirmrand: Die (einzige) Auswahlmöglichkeit hier erlaubt es Ihnen, jede App automatisch zu updaten. Das sollten Sie auch unbedingt tun, denn Updates liefern häufig nicht nur neue Funktionen, sondern sie beseitigen auch Fehler und erhöhen die Sicherheit Ihres Smartphones. Sie können diese Funktion entweder für jede App einzeln festlegen oder Sie im Einstellungsmenü von Google Play global für alle Apps festlegen.

Wie bereits gesagt, können Sie Filme und alle anderen Medien auf dieselbe Weise verwalten. Tippen Sie dazu, beispielsweise, auf die Filme-Sektion und anschließend auf den Einstellungs-Button links, um sich anschließend alle heruntergeladenen Filme in einer Liste ansehen zu können, Rezensionen zu schreiben oder sie wieder zu löschen. Wenn Sie die Bedienung der Apps verstanden haben, werden Sie also auch mit allen anderen Einträgen im Google Play Store zurechtkommen.

Google Play im Internet

Wenn Sie Ihr Android-Smartphone mit einer E-Mail-Adresse registriert haben und sich darüber unter http://play.google.com anmelden, können Sie die Verwaltung Ihres Handys auch an Ihrem Computer in die Hand nehmen. Sie bekommen dort ebenfalls Zugriff auf Filme, Bücher, Apps & Co. Die Synchronisierung geschieht dabei automatisch. Die Webseite ist unter Umständen etwas bequemer als der Play-Store auf dem Handy.

Sollten Sie also beispielsweise ein Buch kaufen, können Sie dies sowohl auf Ihrem Smartphone als auch auf einem Tablet oder Ihrem Computer lesen, sofern Sie sich überall über dieselbe E-Mail-Adresse anmelden. Auch hier bekommen Sie wieder eine Suchzeile angeboten, über welche Sie Apps und alle anderen Medien direkt finden. Ansonsten müssen Sie bei der Bedienung nichts weiter beachten, denn alle Applikationen landen ohne Ihr Zutun direkt auf dem Handy.

Musik, Foto, Video abspielen und aufnehmen

Das Vorurteil, dass Handys es mit echten Kameras nicht aufnehmen könnten, ist schon seit einiger Zeit veraltet. Aktuelle Smartphones haben es sogar geschafft, die Kategorie der Kompaktkameras ernsthaft in Bedrängnis zu bringen. Denn wozu eine billige Kamera mitnehmen, wenn das Foto-Handy sowieso immer dabei ist?

Mit den Bildern aus Smartphones und günstigen Kompaktkameras lässt sich ähnlich viel anstellen: Man kann sie am Bildschirm (auch am großen TV) betrachten und die üblichen 9x13- oder 10x15-Abzüge bestellen, ohne auf Mängel zu stoßen. Erst wer Poster vom Handyfoto erzeugen will, stößt allmählich an die Grenzen der Technik. Außerdem besitzen Smartphones meist keine Zoom-Objektive und keinen guten Blitz. Bei schlechten Lichtverhältnissen bemerkt der Experte dann doch, wie groß das Bildrauschen der vergleichsweise kleinen Sensoren werden kann.

Fotografieren

Die Kamera-App ist normalerweise im Start-Bildschirm zu sehen. Einfach das Kamera-Icon antippen, um mit dem Fotografieren zu beginnen. Die wichtige Symbolleiste befindet sich unabhängig von der Ausrichtung des Handys am unteren beziehungsweise rechten Bildschirmrand.

Als Auslöser dient das Kamera-Symbol. Kurz darauf tippen, ein grüner Rahmen erscheint, dazu ein Auslösegeräusch, und der Schnappschuss ist fertig. Das geht oft so fix, dass Sie den Moment auch verpassen können. Wenn Sie länger auf den Auslöser tippen, fertigt die Kamera bis zu 30 Serienbilder an.

War das schon alles? Wenn Sie wollen – ja. Die Kamera arbeitet im Automatikmodus sehr vernünftig. Wenn Sie spielerisch veranlagt sind, gibt es jedoch noch eine ganze Stange anderer Features, die auf Entdeckung warten. Das beginnt schon beim Scharfstellen: Sie können der Kamera nämlich befehlen, auf welchen Teil der Szene sie scharfstellen soll. Dazu verschieben Sie einfach den Fokus-Kreis mit dem Finger an die gewünschte Stelle.

Dann wäre da das Zoom. Sie können entweder mit der typischen Zweifinger-Spreizbewegung zoomen (bis zu 4-fach). Da das Samsung Galaxy S5 kein optisches Zoom besitzt, rate ich jedoch davon ab, hiermit näher ans Motiv zu rücken. Sie gewinnen gar nichts, verlieren aber die Möglichkeit, später mit der Bildbearbeitung am Computer einen anderen Bildausschnitt auszusuchen.

Sehen Sie das Modus-Symbol am unteren Bildschirmrand? Wenn Sie darauf tippen, schiebt sich eine Leiste mit verschiedenen Foto-Modi über das Display. Mini-Fenster zeigen, was der betreffende Modus bewirkt. Der Modus "Download" führt Sie in den Samsung-Appstore, wo Sie weitere Modi herunterladen (in Zukunft auch kaufen) können. Zum Redaktionsschluss waren das Animiertes Foto, Surround Shot, Sports Shot, Sound & Shot und Sequence Shot – alle gratis.

Auto: Das S5 kümmert sich selbst um optimale Belichtung. Manche der Einstellungs-Optionen stehen dann nicht mehr zur Verfügung.

Schönes Porträt: Versucht, Hautunreinheiten in Gesichtern zu entfernen. Die Kamera zeigt erkannte Gesichter an und berechnet den Effekt in Echtzeit.

Shot and more: Vereint mehrere Fotomodi, die auf Serienbildern basieren. Mit dabei sind: "Bestes Foto" (fertigt eine Serie von acht Bildern an. Danach müssen Sie auswählen, welches davon gespeichert werden soll.), "Best Face" (schießt fünf Schnappschüsse und legt Ihnen dann die darin erkannten Gesichter zur Überprüfung vor), "Drama-Aufnahme" (Für bewegte Objekte: Die Kamera schießt mehrere Schnappschüsse, die sie dann zu einem Foto kombiniert. Das bewegte Objekt sollte sich dabei in kurzer Zeit durch alle Bereiche des (feststehenden) Hintergrunds bewegen)

Panorama: Für horizontale und vertikale Panorama-Fotos. Nach dem Antippen des Kamerasymbols das Smartphone langsam nach rechts, links, oben oder unten bewegen. Nicht wundern: Zunächst sind nur Rechts- und Linkspfeile auf dem Bildschirm zu sehen, doch sobald Sie das Handy nach oben bewegen, merkt die Software, dass Sie ein vertikales Panorama erstellen wollen. Panoramen können bis zu 360 Grad umfassen und mehr als 20.000 Pixel breit werden. Ihre Höhe liegt je nach Geschicklichkeit des Fotografen um die 3000 Pixel: Je genauer man das Handy gerade hält, desto exakter wird das Panorama.

Virt. Tour: Legt einen virtuellen Rundgang etwa durch Ihr Haus oder ein Museum an.

Dual Camera: Bilder mit Front- und Rückkamera gleichzeitig.

Sound&Shot: Fügt dem Schnappschuss noch neun Sekunden Hintergrundgeräusch hinzu, die nach dem Foto über das Mikrofon aufgenommen werden. Meeresrauschen, Ihr Kommentar... Der Sound wird in die Metadaten der Jpeg-Datei eingefügt und lässt sich deshalb nur mit speziellen Programmen abspielen – derzeit ist wohl nur die Galerie auf dem S5 dazu in der Lage. Nachteil ist, dass das die Dateigröße etwas erhöht (etwa um 300 Kilobyte).

Animiertes Foto: Geeignet für Bilder, bei denen sich nur bestimmte Teile bewegen – etwa ein Blumenstrauß mit Schmetterling. Nach der Aufnahme versucht die Software, die sich bewegenden Bildteile zu erkennen. Mit dem Finger können Sie weitere Bereiche markieren. Das Ergebnis ist keine Jpeg-Datei, sondern ein animiertes GIF, das Sie ohne Umwandlung nicht zur Entwicklung geben können.

Die Iconleiste am oberen Bildschirmrand bietet diese Optionen:

Einstellungen: Siehe unten.

HDR: Mit aktiviertem HDR-Modus werden Über- und Unterbelichtungen (besonders dunkle und besonders helle Bereiche eines Bildes) vermieden.

Selektiver Fokus: Eine Art Weichzeichner für den Hintergrund.

Kamera wechseln: Schaltet zwischen Front- und rückseitiger Kamera um.

Sie können die Iconleiste aber auch selbst ändern, indem Sie Icons aus dem Einstellungsmenü nach oben ziehen.

Wenn Sie sich auf die Automatik nicht verlassen wollen, können Sie die meisten Parameter auch selbst einstellen. Dazu dient wie gewohnt das Zahnrad.

Bildgröße: Zwischen 16 und 2,4 Megapixeln Auflösung mit verschiedenen Seitenverhältnissen. Achtung, Abzüge haben in der Regel ein Seitenverhältnis von 4:3. Ein 16-Megapixel-Foto hat ungefähr eine Dateigröße von 3 bis 4 Megabyte, bei 8 Megapixeln sind es noch 2 Megabyte, bei 2,4 Megapixeln bleiben 0,5 Megabyte.

Serienbilder: Soll die Kamera bei längerem Drücken des Auslösers mehrere Bilder schießen? Serienbild-Aufnahmen legt die Kamera im internen Gerätespeicher unter DCIM ab, nicht auf der Speicherkarte, das geht wohl schneller. Sie haben die volle Auflösung. Ihr Dateiname enthält eine fortlaufende Nummer.

Bildstabilisierung: Die Kamera versucht, Wackler zu erkennen und auszugleichen. Das S5 besitzt nur eine Bildstabilisation per Software, die unter anderem eine höhere Empfindlichkeit verwendet. Wenn Sie den Bildstabilisator einschalten, können Sie den ISO-Wert nicht mehr selbst regeln.

Gesichtserkennung: Bei “Ein” versucht die Software, auf erkannte Gesichter scharf zu stellen.

ISO: Die Empfindlichkeit. Ein höherer ISO-Wert ermöglicht kürzere Belichtungszeiten, das Bild verwackelt nicht so schnell, ist dafür aber eher verrauscht.

Messmodi: Wie die Belichtungsmessung erfolgt.

Tippen zum Fotografieren: Wenn Sie lieber per Sprache oder Taste fotografieren, sollten Sie diese Option ausschalten.

Selektiver Fokus: Eine Art Weichzeichner für den Hintergrund.

Videoauflösung: Auflösung des Videos, beim S5 bis zu 3840x2160 Pixel (4K bzw. UltraHD - Achtung, diese Auflösung wird von vielen Videoschnittprogrammen noch nicht unterstützt).

Aufnahmemodus: Für die Videoaufnahme – möglich sind etwa Zeitraffer, Zeitlupe oder eine besonders ruckelfreie Bewegung.

Videostabilisierung: Software-Algorithmus, der die Tatsache nutzt, dass für Videoaufnahmen nur ein Teil des Sensors gebraucht wird.

Audio-Zoom: Beim Zoomen während des Filmens versucht das S5, Ton aus dem gezoomten Bereich zu verstärken.

Effekte: Eine Reihe von 15 Effekten (plus Download-Möglichkeit, etwa Fischauge, Pastell, Cartoon...), die Sie über Ihre Bilder und Videos legen können. Im Downloadbereich finden Sie noch einmal etwa 30 Effekte (meist kostenlos).

Blitz: Blitz-Steuerung. Der Blitz kann einen echten Kamera-Blitz nicht ersetzen, hilft aber beim Aufhellen des Motivs in Gegenlicht-Situationen.

Selbstauslöser: Sie haben maximal zehn Sekunden Zeit, noch selbst ins Bild zu gelangen.

HDR: Mit aktiviertem HDR-Modus werden Über- und Unterbelichtungen (besonders dunkle und besonders helle Bereiche eines Bildes) vermieden.

Standort-Tags: Speichert zu jedem Bild Ortsinformationen.

Speicher: Wo sollen Bilder abgelegt werden? Nur bei eingelegter Speicherkarte wählbar.

Fotos/Videos prüfen: Bilder werden wie bei einer Kompaktkamera nach dem Fotografieren gleich angezeigt.

Remote-Sucher: Verwenden Sie ein Samsung-Handy als Kamera, das andere als Sucher.

Weißabgleich: Anpassung des Weißwerts an unterschiedliche Beleuchtungssituationen. Ein manueller Weißabgleich ist leider nicht möglich.

Belichtungswert: Verringern oder erhöhen Sie die Belichtung manuell (-2,0 bis +2,0). Nur bei HDR = aus.

Richtlinien: Legt auf Wunsch Hilfslinien über das Motiv.

Sprachsteuerung: Ermöglicht Steuerung über Sprachbefehle.

Zurücksetzen: Alle Einstellungen auf Standardwerte.

Filmen

Filmaufnahmen starten Sie direkt aus dem Kamera-Bildschirm, indem Sie das Camcorder-Symbol drücken. Oben rechts sehen Sie dann ein "REC" aufleuchten, darunter zählt die Software langsam den Speicherverbrauch hoch, ganz unten können Sie die Aufnahme mit Pausen- und Stopp-Knopf steuern. Filme sollten Sie möglichst immer im Querformat drehen, sonst können Sie sie auf einem Fernseher nur eingeschränkt wiedergeben. Oben habe ich bereits die verfügbaren Optionen erklärt.

Interessant ist noch der Aufnahmemodus, den Sie über die Schnelleinstellungen (Zahnrad) erreichen. Darin können Sie nämlich auch eine Zeitlupe mit 120 Bildern pro Sekunde (entspricht einer Verzögerung auf die Hälfte bis ein Achtel der Originalgeschwindigkeit) und einen Zeitraffer ("Schnelle Bewegung") auswählen, der den Film nach Belieben zweifach, vierfach oder achtfach beschleunigt. Während die Zeitlupe mit maximal 1280 x 720 Pixeln arbeitet, verringert sich im Zeitraffer die Auflösung nur auf FullHD (1920 x 1080). In beiden Modi wird kein Ton aufgezeichnet.

Beim Fotografieren und Filmen ist man übrigens nicht auf die eingebaute App beschränkt: Es gibt noch eine Vielzahl weiterer spannender Apps mit innovativen Funktionen, die im Google-Play-Store auf Entdeckung warten.

Bilder und Videos anzeigen

Um Ihre Fotos und Videos anzusehen, tippen Sie in der Kamera-App einfach auf die winzige Voransicht des letzten Schnappschusses in der Menüleiste. Aus dem Home-Bildschirm finden Sie Ihre Fotos und Videos in der Programmliste unter dem Symbol "Galerie" oder auch "Fotos". Während die Galerie-App von Samsung aufgepeppt wurde, kommt "Fotos" von Google und ist demnach auch direkt mit Ihrem Google-Account synchronisiert. Die Galerie-App hingegen zeigt Ihnen auch Bilder Ihrer Google-Fotos-, Dropbox- und Facebook-Konten an. Wegen der größeren Variabilität wollen wir uns die Galerie genauer ansehen.

Nach dem Start zeigt diese ihre Fotos zunächst chronologisch an. Tippen Sie auf "Zeit", um weitere Optionen gelistet zu bekommen. Tippen Sie auf einen Ordner, bekommen Sie eine Voransicht des Inhalts zu sehen. Ein weiterer Tipp, und ein einzelnes Foto öffnet sich. Nun brauchen Sie nur noch mit dem Finger nach links oder rechts zu wischen, damit Sie von Bild zu Bild wandern. Weitere Optionen stehen über die Menüleiste oben und das Kontext-Menü bereit.

Senden an: Schickt ein Foto drahtlos an ein anderes Gerät (etwa ein anderes Handy oder den Fernseher).

Senden via: Schicken Sie Ihre Bilder über einen von vielen Kanälen an andere Nutzer.

Bearbeiten: Öffnet die Bildbearbeitung oder den Videoschnitt. Hier können Sie die Farben auffrischen, Effekte hinzufügen, zusätzliche Elemente einsetzen ("Dekoration", etwa Aufkleber oder Rahmen) oder auch die Automatik arbeiten lassen. Anschließend das Speichern nicht vergessen (Symbol oben rechts).

Mülltonne: Datei löschen.

Weitere Informationen: Informationen aus den EXIF-Daten, unter anderem Auflösung, Größe, Blende, Belichtungszeit, ISO-Wert... - dazu Standort, Kategorie und Tags (Stichworte)

In Zwischenablage kopieren: Zur Weiterverwendung in anderen Programmen.

Nach links / rechts drehen: Dreht das Foto.

Zuschneiden: Die Maße des Bildes ändern.

Umbenennen: Gibt dem Foto einen neuen Namen - statt "20140514_164858".

Text erkennen: Startet die Texterkennungs-App.

Favorit: Nimmt das Bild in die Liste Ihrer Lieblingsbilder auf.

Diashow: Startet eine ausgefeilte Diashow mit Effekten und Musik.

Einstellen als: Das Foto einem Kontakt, dem Sperr- oder Startbildschirm zuordnen.

Drucken: Gibt das Bild auf einem kompatiblen Netzwerkdrucker aus.

Einstellungen: Synchronisierung Ihrer Fotos mit Google, Dropbox und Facebook, außerdem Aktivierung von Tags. Der "Tagbuddy" fügt, wenn eingeschaltet, automatisch Datum, Ort und Kategorie als Tags hinzu. Die Kategorien werden dabei recht gut automatisch erkannt (Dokumente, Personen...).

Bilder und Videos exportieren

Wie Sie es von Ihrer Digitalkamera kennen, können Sie Ihre Bilder und Videos auch direkt per USB auf einen Computer spielen. Sie liegen, ebenfalls eine von Kameras bekannte Konvention, im Verzeichnis DCIM. Dieses existiert sowohl auf dem Gerät als auch auf der Speicherkarte. Bei Apple-Computern müssen Sie zunächst das Programm "Android File Transfer" installieren.

Fotos haben die Endung .jpg, Videos die Erweiterung .mp4. Zur Weiterbearbeitung nutzen Sie die übliche Software, etwa Photoshop Express oder iMovie.

Musik abspielen

Samsung liefert zum Abspielen von Musik eine eigene Software namens "Musik" mit. Sie hat den Vorteil, dass sie sich über Sprachbefehle steuern lässt ("Weiter", "Vorherige", "Nächste", "Pause", "Wiedergabe", "Lauter", "Leiser"). Ansonsten bietet sie Standard-Kost. Die Songs sind nach Name, Wiedergabeliste, Alben oder Interpreten geordnet (auch Genre, Komponisten und Alter sind möglich, dazu das Einstellungs-Menü öffnen).

Ungewöhnlich ist allenfalls "Music Square": Diese Funktion ordnet Ihre Musik nach den Dimensionen "leidenschaftlich" bis "fröhlich" und "ruhig" bis "aufregend". Sie können also aussuchen, ob Sie lieber ruhige, fröhliche Lieder oder leidenschaftliche, aufregende Stücke hören wollen. Die horizontale Achse können Sie außerdem statt nach Stimmung lieber nach Alter ordnen – damit stehen dann neue, ruhige oder alte, aufregende Songs bereit.

Mehr Fähigkeiten besitzt in diesem Fall das ebenfalls installierte, von Google bereitgestellte "Play Music". Damit können Sie Ihre Musiksammlung auch online verwalten und von überall auf der Welt (Netzzugang vorausgesetzt) nutzen, und zwar kostenlos. Zusätzlich bietet Google den Dienst "All Inclusive", bei dem sie für einen monatlichen Pauschalbetrag soviel Musik hören können, wie Sie mögen – das große Vorbild ist hier natürlich "Spotify".

Ihre Sammlung verwalten Sie dabei ganz einfach über https://play.google.com/music/ im Webbrowser. Google bietet zudem Programme, die Ihre Songs im Hintergrund automatisch auf den Server hochladen. Bei den 20.000 eigenen Musikstücken, die Sie hochladen dürfen, wird all das nicht mitgerechnet, was Sie bei Google gekauft haben. Wenn Sie im Webbrowser und auf dem Android-Handy denselben Account verwenden, steht all Ihre Musik auch sofort auf dem Smartphone bereit.

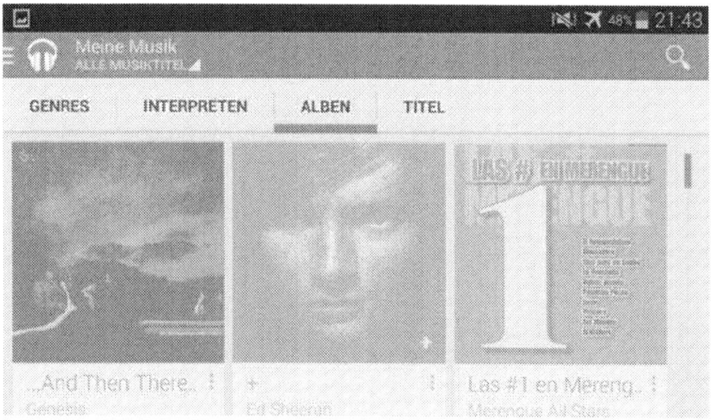

Wie bei vielen anderen Programmen auch, organisiert Play Music Ihre Songs in Reitern:

Genres: Nützlich, wenn Sie eine bestimmte Art von Musik suchen.

Interpreten: All Ihre Lieder, sortiert nach Name des Interpreten. Wenn Sie auf den Pfeil vor dem Namen tippen, zeigen sich die Stücke.

Alben: Eine Liste all Ihrer Alben, gut am Cover erkennbar. Tippen Sie länger auf ein Album, erscheint ein Menü. Wichtig ist hier der Punkt "Auf Gerät belassen". Aktivieren Sie die Stecknadel, wird das Lied heruntergeladen und ist später auch ohne Netzverbindung abspielbar.

Titel: Alle Lieder hintereinander, alphabetisch geordnet.

Über den Reitern gibt es einen interessanten Knopf, der zwischen "Alle Musiktitel" und "Nur auf Gerät" umschaltet. Wenn Ihr Handy offline ist (etwa im Urlaub oder im Flieger), können Sie nur letztere Lieder anhören.

Bei den Einstellungen sind wichtig:

Meine Geräte: Bis zu zehn Geräte dürfen auf Ihre Bibliothek zugreifen.

Nur über WLAN streamen: Falls Sie keine sehr großzügig bemessene Flatrate besitzen, surfen Sie sonst bald mit reduzierter Geschwindigkeit.

Nur über WLAN herunterladen: dito.

Videos abspielen

Wenn Sie eigene Videos abspielen wollen, benutzen Sie die von Samsung mitgelieferte App “Video”. Sie zeigt, welche Rechenkraft in Ihrem Handy steckt, indem Sie all Ihre Videos in der Voransicht animiert darstellt. Auch bei Dropbox hochgeladene Videos erscheinen in der Übersicht.

Wenn Sie während des Abspielens auf den Bildschirm tippen, erscheint das Wiedergabe-Menü, über das Sie unter anderem Vor- und Zurückspulen können. Interessant ist dabei noch das Icon auf der rechten Seite: Tippen Sie darauf, verlagert sich der Film in ein separat zu verschiebendes Fenster, das sich auf Ihren Startbildschirm beziehungsweise vor jede andere App legt. So verpassen Sie garantiert keine Szene...

Eine Alternative ist der im Appstore kostenlos erhältlichen “VLC (https://play.google.com/store/apps/details?id=org.videolan.vlc.betav7neon)”. Bei dieser App handelt es sich um eine Umsetzung der Open-Source-Anwendung VLC für Android-Smartphones, die einen sehr guten Ruf genießt und sehr viele Formate verarbeiten kann.

Wenn Sie das Programm heruntergeladen haben und zum ersten Mal starten, warnt es Sie vor seiner Beta-Natur. Es wird Ihr Handy aber garantiert nicht explodieren lassen, keine Sorge. Die App versucht dann, vorhandene Videos zu finden. Über “Verzeichnisse” können Sie aber auch per Hand zu Ihren Videos navigieren.

Bücher lesen

Die Welt der digitalen Bücher, der eBooks, ist zweigeteilt. Auf der einen Seite steht Marktführer Amazon, der auf das Mobipocket-Format setzt. Auf der anderen Seite sind fast alle anderen Anbieter zu finden – sie setzen das ePub-Format ein. Die Grenze bildet das DRM (Digital Rights Management) – der Kopierschutz, der Ihnen das Umwandeln vom einen zum anderen Format erschwert (unmöglich ist das nicht – aber in Deutschland nicht legal).

Die gute Nachricht: Auf Ihrem Smartphone können Sie eBooks aus beiden Lagern lesen, Sie brauchen nur die richtige App. Sogar das PDF-Format, mit dem sich normale eReader meist schwer tun, ist auf dem Android-Phone flüssig darstellbar. Lediglich Bücher aus Apples Marktplatz iTunes resp. iBookstore können Sie unter Android gar nicht lesen.

ePub-Bücher lesen

Eine App, mit der Sie Bücher im ePub-Format lesen können, ist auf Ihrem Handy bereits vorinstalliert: “Play Books” befindet sich in der Programmliste. Die App greift direkt auf die Titel zu, die Sie bei Google Play gekauft haben. Sie können aber auch anderswo heruntergeladene eBooks damit lesen.

Falls Sie einen eReader einer anderen Firma besitzen (etwa von Kobo oder Weltbild) oder anderswo schon eBooks gekauft haben, ist es in der Regel bequemer, auch die zugehörige App zu benutzen. Eine kleine Auswahl:

Aldiko

Bei der Aldiko-App handelt es sich um einen weit verbreiteten und ausgereiften eBook-Reader, der mit vielen Formaten zurechtkommt. Aldiko ist kostenlos. Zum Buchshopping verweist es auf Läden unter anderem von Beam, Feedbooks und Smashwords.

Im Aldiko-Reader tippen Sie dann auf das Home-Symbol und wechseln zur Speicherkarte. Das ist eine Art Dateiverwaltung, über die Sie jeden Ordner erreichen. Wenn Sie das gewünschte ePub gefunden haben, tippen Sie darauf und wählen "In Aldiko importieren".

Hugendubel

Die deutsche Buchhandelskette Hugendubel hat ihren eigenen Online-Buchladen, für den die kostenlose App eine Anbindung bietet.

Kobo

Kobo kommt ursprünglich aus Kanada, ist aber inzwischen von einem japanischen Anbieter gekauft worden. Die App gibt es im Play Store. Ein eBook-Store ist ebenfalls schon eingebaut.

Moon+ Reader

Der Moon+ Reader ist eine sehr vielfältige App, die weitgehend absturzfrei mit vielerlei Buchformaten zurechtkommt. Die Grundversion ist kostenlos, für 3,90 Euro gibt es eine Pro-Variante ohne Werbung. Schon die kostenlose Version bietet unter anderem Wörterbücher und eine Synchronisation des Lesefortschritts über Dropbox.

Thalia

Die Buchhandelskette Thalia kennen Sie vermutlich aus deutschen Einkaufszentren. Auch sie bietet eine eBook-App. Ein Buchladen ist natürlich ebenfalls eingebaut.

Weltbild

Weltbild investiert erheblich in digitale Bücher – dazu gehört natürlich auch eine kostenlose App.

Amazon-eBooks lesen

Damit Sie auch auf jedem Gerät zum größten Buchladen der Welt finden, hat Amazon natürlich auch eine eigene Android-App im Angebot. Sie heißt wie der eReader der Firma "Amazon Kindle". Nahtlos eröffnet sie den Zugang zu bereits bei Amazon gekauften Titeln und ermöglicht das Stöbern im riesigen Angebot. Neuerdings ist es sogar möglich, damit eigene Wörterbücher zu nutzen (siehe Tipps).

Achten Sie darauf, sich bei der App mit demselben Amazon-Account anzumelden, den Sie auch zum Kaufen der eBooks verwendet haben. Dann sehen Sie Ihre gekauften Titel sofort innerhalb der App.

Kostenlose Bücher

Amazon stellt selbst einige hundert kostenlose Titel im Kindle-Store bereit, meist Klassiker. Weitere sind im Lauf der Gratis-Aktionen verfügbar, die viele Self Publisher veranstalten. Doch es gibt ja Jahrtausende menschlicher Kreativität, die auch in Buchform verfügbar ist. Das Gutenberg-Projekt und auch Google befassen sich seit Jahren damit, Bücher für die Allgemeinheit zugänglich zu machen, deren Urheberrechte erloschen sind.

Im Kindle-Store auf amazon.de finden Sie diese, wenn Sie auf seiner Startseite ganz an den unteren Bildschirmrand navigieren. Ich verspreche Ihnen, Sie werden viele Lieblingsbücher Ihrer Kindheit wiederfinden, von Jules Verne bis Karl May, und dazu echte Perlen der Weltliteratur. Und zwar in deutscher Sprache, zur sofortigen Lieferung.

Das genügt Ihnen nicht? Hier ist eine Liste mit weiteren Buch-Archiven.

Beam eBooks

http://www.beam-ebooks.de/kostenlos.php5

Eine durchaus nicht kleine Auswahl kostenlosen Lesestoffes, meist auch im Mobi-Format.

Bookrix

http://www.bookrix.de/ebooks_lesen.html

Bookrix ist eine Autoren- und Lesercommunity, die über 88.000 eBooks kostenlos bereitstellt. Die eBooks liegen als ePub vor.

eBook.de

http://www.ebook.de/de/category/59011/gratis_ebooks.ht
ml

Bietet einige hundert kostenlose Titel zum Download. Die eBooks liegen als ePub vor.

Eleboo

http://www.eleboo.de/kostenlose-ebooks

In dieser Büchercommunity können Autoren ihre Bücher kostenlos anbieten – viele haben das bereits getan.

Freebook

http://freebook.de

Freebook zählt derzeit über 800 kostenlose eBooks.

Freiszene

http://www.freiszene.de/ebooks/

Eine größere Auswahl kostenloser eBooks, einen Blick wert.

Free Computerbooks

http://freecomputerbooks.com

Kostenlose eBooks aus dem Bereich Computer & Programmierung (fast alle in englischer Sprache).

Gutenberg-Projekt

http://www.gutenberg.org/

Über 33.000 kostenlose eBooks in fast allen Sprachen der Welt.

Google eBookstore

http://books.google.com/ebooks

Die Ergebnisse von Googles Scan-Aktion - vor allem im PDF-Format. Achten Sie hier darauf, nicht die Variante für E-Reader auszuwählen, sondern die PDF-Version.

Mobileread Download Guide

Die beliebte E-Reader-Website Mobileread fasst alle dort erhältlichen, vorwiegend englischen Kindle-eBooks in einem eigenen, täglich aktualisierten eBook zusammen, dem Mobileread Download Guide. Eine originelle Idee! Das eBook ist kostenlos wie auch die Bücher, die man darüber beziehen kann. Autoren listet es nach Alphabet.

http://www.mobileread.com/mobiguide

Internet Archive

http://www.archive.org/details/texts

2,8 Millionen Texte in allen Sprachen der Welt, die hier kostenlos zur Verfügung stehen. Über die „Advanced Search" können Sie auch Bücher in Deutsch herausfiltern - geben Sie dazu im „Custom Field" den Parameter „language" an und im Wertefeld daneben „german".

Kobo

http://www.kobobooks.de/free_ebooks

Kobo rühmt sich, mehr als eine Million kostenloser eBooks im Angebot zu haben. Ich habe nicht nachgezählt. Die eBooks liegen als ePub vor.

Open Library

http://openlibrary.org

Über eine Million Titel.

ManyBooks

http://www.manybooks.net

Über 30.000 ausgewählte Bücher (teilweise aus dem Gutenberg-Projekt).

Thalia

http://www.thalia.de/shop/ebooks_kostenlos/show/

Hat ein eigenes Regal mit einer deutlich vierstelligen Zahl kostenloser eBooks. Die eBooks liegen als ePub vor.

Aktuelle Buch-Verschenk-Aktionen

Seit Anfang 2012 hat die Anzahl der Aktionen rapide zugenommen, bei denen deutsche Verlage oder Autoren ihre eBooks verschenken. Diese Aktionen dauern meist nur wenige Tage. Wenn Sie nichts verpassen wollen, sollten Sie regelmäßig bei diesen Websites vorbeischauen:

XTME: http://www.xtme.de

E-Literati: http://www.e-literati.de

Best-eBook-Finder: http://bestebookfinder.com/

eBook-Hunts: http://www.ebook-hunts.de

Gratis-eBooks: http://www.gratis-e-books.de/top-10-gratis-ebooks/

Legale kostenlose eBooks: http://ebooks.2add.info

Buchregen: http://buchregen.com

Ebookmeter: http://ebookmeter.info

Gratizone: http://www.gratizone.com/?db=de

Amazon-Forum “Kindle”, Thread: Aktuell kostenlose deutsche Kindle-Bücher: http://amzn.to/Hd8siF

Amazon-Forum “eBook”, Thread: Listen Sie Ihre Kostenlosen eBooks Hier (GRATIS - FREE): http://amzn.to/YCHtl8

E-Reader-Forum, Board "Werbung": http://www.e-reader-forum.de/sonstiges/board9-werbung/

Die eBooks gibt es meist nur wenige Tage kostenlos, achten Sie also unbedingt darauf, ob der Preis wirklich noch bei 0 Euro liegt.

Mit dem Programm Calibre können Sie von Amazon bezogene Bücher in das auf dem Tolino benötigte ePub-Format umwandeln.

Bücher-Schnäppchen

Zu den Gratis-eBooks kommen in letzter Zeit verstärkt preisgesenkte Titel hinzu – entweder als “Kindle-Deal” (meist Verlagsbücher) oder auch von unabhängigen Autoren. Solche Schnäppchen finden Sie bequem unter

www.ebook-rabatte.de

Dort können Sie auch bestimmte Genres abonnieren oder sich bei einer Preissenkung Ihres Wunsch-Titels informieren lassen. Der Service ist kostenlos.

Bücher aus dem deutschen Gutenberg-Projekt

Die deutschsprachige Version des Gutenberg-Projekts (http://gutenberg.spiegel.de) funktioniert etwas anders als die US-Variante: Hier soll man eBooks lieber online lesen oder bei Bedarf auf Datenträger kaufen.

Bequemer ist es allerdings, die Titel als echtes ePub auf das Handy holen zu können. Dabei hilft Ihnen diese Website:

http://www.epub2go.eu

(und zwar kostenlos).

Bücher ausleihen

In Deutschland bieten viele öffentliche Bibliotheken die Möglichkeit, kostenlos eBooks auszuleihen. Der Service nennt sich www.Onleihe.net. Die nötige App ist kostenlos bei Google Play verfügbar.

Um die Onleihe nutzen zu können, brauchen Sie einen Mitgliedsausweis einer Bibliothek, die sich an der Onleihe beteiligt. Das sind inzwischen sehr viele Stadt- und Ortsbibliotheken.

Die Technik funktioniert wie bei gedruckten Büchern: Die Bibliotheken besitzen eine bestimmte Anzahl an eBook-Exemplaren. Wenn die alle ausgeliehen sind, müssen Sie warten, bis jemand sein Exemplar zurückgibt. Die Auswahl ist derzeit noch nicht riesig, aber dafür ist der Dienst ja auch kostenlos.

Die Onleihe-App selbst dient dazu, in der Bibliothek zu stöbern und eBooks auszuleihen. Sie kann die Titel aber nicht anzeigen. Dazu brauchen Sie eine DRM-fähige eReader-App wie Aldiko oder Bluefire. Diese laden Sie am besten herunter, bevor Sie die Onleihe-App einrichten. Beim ersten Start der Onleihe-App sollten Sie die diesbezügliche Frage dann mit "Ich habe bereits einen Reader installiert" beantworten.

Nachdem Sie Ihre Filiale ausgewählt haben, landen Sie auch schon in der Buchliste, wo Sie nach Charts, Neuheiten oder Themengebieten stöbern können. Wenn ein Titel verfügbar ist, trägt er einen grünen Punkt. Bei einem orangen Punkt können Sie das betreffende eBook für sich reservieren lassen.

Wie lang die Leihfrist ist, ist von Bibliothek zu Bibliothek unterschiedlich. Bei eBooks liegt sie zwischen 7 und 21 Tagen, bei Magazinen meist bei wenigen Tagen und bei Zeitungen bei Stunden. Sie müssen jedoch nicht darauf achten, das Buch rechtzeitig zurückzugeben, denn die Lizenz läuft automatisch aus – und dann können Sie das Werk einfach nicht mehr lesen.

Haben Sie sich für einen Titel entschieden, tippen Sie auf "Jetzt ausleihen". Die App lädt das eBook dann herunter und startet Ihre Lese-App, also zum Beispiel Aldiko. Zur Autorisierung müssen Sie dieser Ihre Adobe-ID verraten.

Diese dient dazu, den bei den Leih-eBooks vorhandenen Kopierschutz auf Sie persönlich zuzuschneiden. Diese ID (die die Form einer von Ihnen benutzten E-Mail-Adresse hat) wird von der Firma Adobe (dem Anbieter des meist verbreiteten Kopierschutzverfahrens für eBook) vergeben und verwaltet. Sie können sie bei allen eBook-Anbietern verwenden, die auf das Adobe-System (DRM) setzen. Das sind fast alle Anbieter – außer Amazon, Apple und solchen Unternehmen, die ganz auf DRM verzichten.

Um die Adobe-ID zu bekommen, müssen Sie die Seite www.adobe.com/go/getadobeid_de aufrufen. Unter dem "Anmelden"-Knopf finden Sie dort einen Link "Sie haben noch keine Adobe-ID?". Darauf klicken Sie.

Diesmal brauchen Sie E-Mail-Adresse, Name, Vorname und ein Kennwort. Nutzen Sie eine Adresse, auf die Sie auch in Jahren noch Zugriff haben werden, denn Ihre geliehenen eBooks werden sich nur mit dieser ID lesen lassen. Beim Namen können Sie schwindeln, das wird nicht überprüft. An die genannte E-Mail-Adresse gibt's dann wie gewohnt eine E-Mail, die einen Link zur Adressüberprüfung enthält. Ist das erledigt, können Sie Ihre neue Adobe-ID endlich im Aldiko eintragen – und Ihr Leih-eBook lesen.

Soziale Netzwerke

Für viele Smartphone-Besitzer sind sie längst Teil des täglichen Lebens: Facebook, Twitter, Google+ – soziale Netzwerke also, die Ihre Verbindung mit Ihren Freunden und Bekannten aufrecht erhalten. Die eben genannten Netzwerke sind zweifellos die wichtigsten – es gibt aber auch noch einige kleinere für spezielle Zwecke oder besondere Zielgruppen, etwa Business-Netzwerke wie Xing und LinkedIn. Auch für diese liegen Apps im Marktplatz bereit.

Die drei Social Networks, über die wir hier sprechen wollen, sind inzwischen so weit ins Android-System integriert, dass sie Ihnen auf Schritt und Tritt begegnen werden – etwa wenn es darum geht, Fotos mit anderen zu teilen. Wenn Sie noch kein Mitglied dort sind, könnte das ja der Anstoß sein, einen Account zu eröffnen.

Falls die Diskussion um den Datenschutz Sie davon abhält: Tatsächlich sind Sie auch als Mitglied an keiner Stelle verpflichtet, Ihre Daten mit der Öffentlichkeit zu teilen. Was Sie allerdings schon mitbringen müssen, ist ein gewisses Vertrauen in den Betreiber. Da es sich um Unternehmen handelt, stehen natürlich kommerzielle Motive dahinter. Sie gehen ein Geschäft ein: Ihre Daten gegen den Nutzen des Netzwerks. Man wird deshalb versuchen, Ihre Daten gewinnbringend zu nutzen – andererseits wäre es schlecht für das Image (und damit für die Umsätze), bei diesem Versuch Gesetze zu missachten oder die Erwartungen der Nutzer zu enttäuschen.

Facebook

Facebook ist das größte soziale Netzwerk der Welt – wobei sein Wachstum in Deutschland wohl weitgehend zum Stillstand gekommen ist. Die Chance, unter den eigenen Bekannten Facebook-Mitglieder zu finden, ist groß. Im System selbst gibt es aber keine Bekannten – nur Freunde (Facebook-Mitglieder, zu denen Sie in Kontakt stehen) oder Fremde.

Genutzt wird das System vorwiegend aus privaten Motiven. Außerdem können Unternehmen hier über eigene Seiten Kontakt zu ihren Kunden aufnehmen. Geschäftspartner werden Sie eher selten auf Facebook finden, wobei die Grenzen da zunehmend schwinden. So gibt es zum Beispiel Gruppen, in denen man sich über durchaus beruflich interessante Themen unterhält. Die meisten Nutzer bringen in Facebook jedenfalls ihre private Seite ein. Die Nutzung des Systems ist kostenlos.

Die Facebook-App erkennen Sie leicht am weißen Kleinbuchstaben “f” auf blauem Grund. Sie ist ähnlich gegliedert wie das Facebook, das Sie auch aus dem Webbrowser kennen. Ein Suchfeld bildet den oberen Rahmen des Bildschirms, direkt daneben greifen Sie auf Ihr eigenes Profil zu. Es folgen “Neuigkeiten” (das sind öffentliche oder semiprivate Nachrichten all Ihrer Freunde), dann Freundschaftsangebote und schließlich “Nachrichten” (entspricht den E-Mails, also direkt an Sie gerichtet) sowie Benachrichtigungen.

“In der Nähe” zeigt Ihnen Orte in der Nähe Ihrer aktuellen Position. Ich habe dieses Feature ehrlich gesagt noch nie benutzt. Unter “Veranstaltungen” finden Sie nicht nur Events, zu denen Sie eingeladen wurden, sondern auch Geburtstage: eine nützliche Funktion, um keinen Ihrer Bekannten zu vergessen. Nicht jeder trägt hier allerdings sein wahres Geburtsdatum ein.

“Freunde” listet all Ihre Facebook-Bekanntschaften, aber auch die Seiten (von Firmen), denen Sie ein “Mag ich” gegeben haben. Falls Sie hier noch Platz haben, “liken” Sie doch gern meine Seite www.facebook.com/SmartphoneHandbuch – hier erhalten

Sie auch Nachrichten, falls es eine neue Version des Handbuchs gibt.

Dann folgen Ihre Gruppen. Dabei handelt es sich um Foren, die sich bestimmten Themen widmen. Sie können öffentlich sein oder auch nur für Mitglieder lesbar. Falls Sie sich für Self Publishing interessieren, finden Sie mich zum Beispiel in der Gruppe "Self Publishing".

Nach den Gruppen folgen "Seiten" – nämlich die, die Sie selbst angelegt haben, zum Beispiel für Ihren Blumenladen "Immergrün" oder Ihre neueste, selbst produzierte CD.

Der nächste Abschnitt heißt "Freunde". Er zeigt die neuesten Mitteilungen Ihrer Freunde an, sortiert nach den Zirkeln, in die Sie diese einsortiert haben, also etwa "Familie".

Unter "Anwendungen" listet die App so genannte Anwendungen. Das sind kleine Programme, die Ihre Facebook-Daten nutzen dürfen. Es kann nicht schaden, ab und zu hier hereinzuschauen.

Im Menü "Interessen" zeigt Ihnen Facebook, was es bei den von Ihnen abonnierten Nutzern Neues gibt. Abonnements bieten Ihnen die Möglichkeit, sich stets die neuen öffentlichen Mitteilungen bestimmter Facebook-Mitglieder (etwa von Promis) anzeigen zu lassen, ohne mit diesen befreundet zu sein, also die eigenen privaten Daten auszutauschen.

Wichtig sind die "Einstellungen". Der Punkt "Codegenerator", schützt Ihr Konto zusätzlich vor Fremdzugriffen. Wenn sich jemand in Ihren Facebook-Zugang einloggen will, muss er ein zusätzliches Kennwort aus sechs Ziffern eingeben, das dieser Codegenerator erzeugt. Es gilt nur für 60 Sekunden. Benutzen Sie das Feature nur, wenn Sie Ihr Handy stets mit dabei haben.

Weiter unten können Sie außerdem ale Einstellungen bearbeiten, die Ihre Privatsphäre betreffen. Kurz gesagt: Wer darf was sehen?

Twitter

Twitter ist eine Mischung aus Medium und sozialem Netzwerk. Interaktionen laufen hier über maximal 140 Zeichen lange Kurzmitteilungen (Tweets) ab. In Twitter haben Sie keine Freunde, sondern Follower. Wenn Sie einen anderen Twitterer interessant sind, dann folgen Sie ihm – das heißt, Sie bekommen in Zukunft all seine Tweets auf Ihrer Startseite angezeigt.

Tweets können dabei höchst unterschiedlicher Natur sein: Sie stellen das eigene Befinden dar, enthalten kluge oder weniger kluge Sprüche oder weisen auf interessante Webseiten hin. Wenn Sie sich anmelden, schlägt Twitter Ihnen Nutzer vor, denen Sie folgen können. Weitere interessante Twitterer werden Sie mit der Zeit finden, weil diese von Tweets als Quelle erwähnt werden.

Alle Tweets sind öffentlich, das heißt jeder, der Ihr Twitter-Handle (Ihren Kurznamen, mich finden Sie unter "mmatting") kennt, kann sie lesen. Es gibt auch die Möglichkeit, die eigenen Nachrichten zu schützen, also nur Followern zu Verfügung zu stellen, doch das widerspricht im Grunde dem Gedanken hinter Twitter.

Die Twitter-App ist nicht kompliziert. Auf der Startseite finden Sie in zeitlicher Abfolge alle Tweets anderer Teilnehmer, denen Sie folgen. Interessiert Sie ein Tweet besonders, tippen Sie darauf. So können Sie eine darin erwähnte Webseite aufrufen oder eine der grundlegenden Twitter-Funktionen ausführen: Antworten (öffentlich!), Retweeten (schickt den Tweet an all Ihre Follower) oder als Favorit markieren (eine Art Facebook-Like). Außerdem können Sie den Tweet über andere Kanäle teilen.

Im Hauptmenü oben rechts finden Sie ein Post-Symbol, über das Sie selbst neue Tweets verfassen können. Das Menü "Ich" bietet Ihnen zudem die Möglichkeit, Twitter-Usern, denen Sie folgen, eine Direktnachricht (DM) zu senden – diese kann nur der Empfänger lesen.

Sie sehen, Twitter ist übersichtlich – und gerade deshalb ein interessantes Medium, das sich sehr zielgerichtet nutzen lässt. Folgen Sie den Menschen, die zu Ihren privaten oder beruflichen Interessen Substanzielles zu sagen haben.

Google+

Google+ ist noch immer ein Neuankömmling unter den sozialen Netzwerken. Es hat deutlich weniger Nutzer als Facebook, und seine Klientel ist eher beruflich als privat orientiert. Wenn Sie schon ein Google-Konto haben (mit einem Android-Phone fast unabdingbar), besitzen Sie auch einen Account für Google+.

Die App versteckt sich in der Programmliste. Der wichtigste Begriff in Google+ sind "Kreise". Das sind Gruppen, denen Sie Ihre Kontakte zugeordnet haben, die sich aber überlappen dürfen. Sie könnten also Kreise für "Familie", "Kollegen", "Freunde" anlegen, und einen bestimmten Nutzer sowohl als Freund als auch als Kollegen definieren. Seine Nachrichten werden also immer dann angezeigt, wenn Sie die Kreise "Kollegen" oder "Freunde" ausgewählt haben, nicht aber bei "Familie".

Wenn Sie das g+-Icon oben links antippen, öffnet sich das Menü. Sein Aufbau ähnelt dem oben bei Facebook beschriebenen. Die "Communities" entsprechen dabe den Facebook-Gruppen. Erklärungsbedürftig sind hier eigentlich nur die "Hangouts" – ein bei diesem Dienst sehr beliebes Feature, das einem öffentlichen Chat vergleichbar ist. Hangouts gibt es regelmäßig auch mit

Promis, Sie können sich aber auch leicht selbst mit Freunden zu einem Hangout treffen.

Gesundheit

Mit der App S Health (inzwischen in Version 3.0) widmet sich Samsung beim Galaxy S5 einem aktuellen Trend: der Selbstbeobachtung. Das Handy soll Ihnen bei einem gesunden Lebenswandel helfen und verfolgt dazu all ihre Schritte. Es misst aber auch Puls, Temperatur und Luftfeuchtigkeit, um so Ihre Wohlfühlstufe zu definieren.

Zunächst müssen Sie alle möglichen Warnungen akzeptieren und der Software Ihre Grunddaten verraten: Größe, Alter, Gewicht, Geschlecht, mittlere Aktivität... Daraus berechnet das Programm unter anderem Ihren BMI, eine erwünschte Kalorienzufuhr und ein Aktivitäten-Niveau, das Sie einhalten sollten.

S Health besteht aus diesen Komponenten, die mit Zusatz-Hardware und Apps erweitert werden können (etwa um Blutdruck- und Blutzucker-Werte):

Hauptbildschirm: eine aktuelle Zusammenfassung Ihres Status

Schrittzähler: Wieviel sind Sie heute gelaufen? Welche Strecke haben Sie heute schon zurückgelegt?

Training: Konkrete Workouts (Laufen, Gehen, Radfahren, Wandern) mit Audio-Führer und Musik.

Herzfrequenz: Steuert den Pulsmesser auf der Rückseite des Handys an (knapp unterhalb der Kamera).

Essen: Was haben Sie wann gegessen? Die App hilft beim Kalorienzählen.

Trainer: Dieser Programmbereich versucht, Ihr komplettes Leben zu erfassen: Stress, Aktivitäten, Schlafen, Gewicht – und Ihnen mit Tipps zu helfen.

Gewicht: Wie sich Ihr Körpergewicht verändert hat.

Einstellungen: Hier erhalten Sie unter anderem Informationen über kompatible Produkte (Waagen, Fitnessarmbänder etc.). Es funktionieren allerdings auch in der Liste nicht aufgeführte Modelle, sofern sie den Standard ANT+ unterstützen.

Ihr Handy als Wegweiser

Um Google Maps zu öffnen, dirigieren Sie Ihren Finger zunächst auf das Symbol "Maps" in der Programmliste Ihres Smartphones. Nach einem einfachen Antippen öffnet sich Google Maps an einer von zwei möglichen Stellen. Wenn Sie GPS – also die genaue Positionsbestimmung Ihres Handys per Satellit – in Ihrem Smartphone deaktiviert haben, wird Ihnen häufig die zuletzt genutzte Lokalität angezeigt.

Ist GPS aktiviert, beginnt Google Maps an dem Ort, wo Sie sich derzeit befinden. Diese Funktion sollte auf einige Meter genau funktionieren. Auch über WLAN und das Netz des Handys ist eine Positionsbestimmung möglich, doch das ist im Vergleich zu GPS sehr viel ungenauer.

So bedienen Sie die Oberfläche von Google Maps

Sie befinden sich nun zunächst in der Übersicht. Am unteren linken Bildschirmrand können Sie eine Menüleiste ausklappen, die verschiedene Zusatzinformationen aktiviert, etwa die Verkehrslage oder den öffentlichen Nahverkehr. In der Leiste oben können Sie suchen und Routen berechnen lassen.

Um sich verschiedene Orte auf der Welt ansehen zu können, halten Sie einfach Ihren Finger auf der Karte gedrückt und ziehen die Karte in jede beliebige Richtung – in etwa so, wie Sie es bei einer echten Landkarte aus Papier machen würden. Damit können Sie jeden Ort auf der Welt erreichen.

Möglicherweise möchten Sie sich jedoch bestimmte Gebiete genauer ansehen oder einen größeren Überblick erhalten über die Welt erhalten. Dazu nehmen Sie einfach zwei Finger – Daumen und Zeigefinger sind ideal geeignet –, platzieren diese auf dem Display und ziehen sie dann auseinander. Mit dieser Bewegung zoomen Sie in das Bild hinein und alle Objekte werden größer dargestellt. Bewegen Sie Ihre Finger hingegen in die andere Richtung, entfernen Sie Ihre Ansicht wieder, um ein weitläufigeres Areal zu betrachten. Indem Sie zwei Mal schnell hintereinander auf die Oberfläche tippen, zoomen Sie ebenfalls in das Geschehen hinein. Damit können Sie allerdings keine genaueren Feineinstellungen vornehmen, sodass die Bedienung mit zwei Fingern so gut wie immer vorzuziehen ist (diese Technik wird auch als Pinch-Zoom bezeichnet und Sie können Sie in zahlreichen anderen Apps und auch in Ihrem Internet Browser benutzen).

Kommen wir nun zu den angesprochenen Möglichkeiten:

Die Suche: Geben Sie in die virtuelle Tastatur Ihren gewünschten Ort ein und tippen Sie anschließend auf "Öffnen". Maps wird Ihnen anschließend, falls es mehrere Orte mit diesem Namen geben sollte, genauere Auswahlmöglichkeiten präsentieren. Wählen Sie aus diesen Orten die richtige Lokalität mit einem weiteren Tippen Ihres Fingers aus. Ist das nicht der Fall, transportiert Sie Maps nach einer kurzen Ladephase zu Ihrem gewünschten Ort, damit Sie ihn sich genauer ansehen können.

Die Routenplanung: Da es sich hierbei um ein umfangreicheres Feature handelt, gehen wir darauf im Abschnitt „Die Navigation mit Google Maps" genauer ein.

Die Navigation mit Google Maps

Programme wie Google Maps eignen sich hervorragend, um als Ersatz für das Navigationsgerät im Auto zu dienen. Das weiß auch Google und hat deswegen eine Funktion integriert, mit welcher Sie Routen sehr einfach zusammenstellen und ihnen folgen können.

Tippen Sie dazu zunächst auf das Routensymbol. Anschließend öffnet sich ein Fenster, welches Ihnen eine virtuelle Tastatur einblendet und außerdem einen Start- und Zielort in der oberen Bildschirmhälfte präsentiert. Der Startort ist standardmäßig immer auf Ihren aktuellen Standort eingestellt, welcher per GPS oder Netzverbindung ermittelt wird. Wollen Sie diesen genauer präzisieren oder auch einfach einen komplett anderen Startort wählen, tippen Sie einfach einmal in das Fenster und geben dann über die Tastatur Ihren neuen Standort ein. Genauso verfahren Sie anschließend mit dem gewünschten Ziel. Den Namen Ihres Start- und Zielortes bestätigen Sie wie immer mit der Eingabetaste ganz unten rechts auf der virtuellen Tastatur.

Dabei dürfen Sie sowohl beim Start- als auch Zielort sowohl Städte als beispielsweise auch Straßennamen oder bekannte Sehenswürdigkeiten auswählen. Bei mehrfach vergebenen Straßennamen öffnet sich eine weitere Liste, die Ihnen anzeigt, in welchen Städten diese Straßen existieren. Tippen Sie mit Ihrem Finger auf die Straße in der von Ihnen gewünschten Stadt.

Sobald Sie mit diesen Vorbereitungen fertig sind, verschwindet die Tastatur. Unterhalb des Start- und Zielortes sehen Sie drei Symbole: Das Auto steht für die Reise mit Ihrem eigenen Fahrzeug, der Bus hingegen wird Ihnen Routen anzeigen, die durch öffentliche Verkehrsmittel wie Bus oder Bahn zu erreichen sind, der Radfahrer zeigt Radrouten und der Fußgänger repräsentiert natürlich den Gang zu Fuß. Tippen Sie einmal mit dem Finger auf Ihr gewünschtes Verkehrsmittel.

Routenführung

Wenn Sie dem vorherigen Abschnitt bis hierhin gefolgt sind, öffnet sich nun nach einer kurzen Ladephase wieder die Übersicht von Google Maps. Außerdem sagt Ihnen eine Stimme an, wohin Sie sich als nächstes begeben müssen, um Ihr Ziel zu erreichen. Die Bildschirmübersicht ist nun in vier Teile separiert:

Ganz oben sehen Sie ein dunkelgrünes Feld, welches Ihren aktuellen Standort und Ihr nächstes Ziel für das Erreichen Ihres Zielortes anzeigt. Dort sehen Sie auch, wie weit es noch bis zu Ihrer nächsten Station ist.

Darunter befindet sich ein Informationsfeld. Dort lesen Sie ab, wie viele Kilometer Sie noch bis zu Ihrem Ziel zurücklegen müssen, wie viel Zeit die Reise voraussichtlich (ohne Staus oder andere Verkehrsbehinderungen) in Anspruch nimmt, welches Verkehrsmittel Sie gewählt haben und wo sich Ihr Ziel befindet. Dieses Feld verschwindet von selbst nach kurzer Zeit.

Im Hintergrund sehen Sie permanent die eingeblendete Straßenkarte in Ihrer Umgebung.

Ganz unten befindet sich noch einmal eine Informationsleiste, die dieselben Informationen wie das soeben erwähnte größere Feld noch einmal in Kurzform anbietet.

Wenn Sie Google Maps nicht hundertprozentig vertrauen oder ganz einfach selbst nachschauen wollen, welcher Route Sie auf Ihrer Reise folgen werden, hilft ein Antippen des dunkelgrünen Feldes am oberen Bildschirmrand. Anschließend sehen Sie am rechten Bildschirmrand einen Pfeil. Tippen Sie darauf, um sich das nächste Ziel anzeigen zu lassen. Ziele sind fast immer Abzweigungen, die auf Ihrer Route wichtig sind und welche Sie nicht verpassen dürfen. Sie können diese Funktion somit dazu nutzen, um bereits im Vorfeld auf mögliche Ausfahrten vorbereitet zu sein. Indem Sie anschließend auf den Pfeil auf der linken Seite des Feldes tippen, gelangen Sie wieder zurück zu Ihrem derzeitigen Aufenthaltsort und können die Fahrt (oder den Spaziergang) fortsetzen.

Möglicherweise möchten Sie aber Ihre Navigation bereits weit im Voraus planen und alle kommenden Abzweigungen oder andere interessante Orte auf einmal finden. Tippen Sie dazu auf die Menütaste Ihres Smartphones. Anschließend werden Ihnen alle wichtigen Ausfahrten oder andere Orte, die aus irgendeinem Grund für Ihre Route von Bedeutung sind, übersichtlich angezeigt. So planen Sie Ihre Reise bereits, bevor Sie sie überhaupt begonnen haben.

Für die restliche Navigation mit Google Maps müssen Sie keine weiteren Schritte befolgen. Vertrauen Sie einfach Ihrem Smartphone, denn es wird Sie in den allermeisten Fällen an das gewünschte Ziel bringen.

Google Street View

Eine weitere interessante Funktion von Google Maps ist Street View. Darunter versteht der Entwickler eine Möglichkeit, in einer Art 3D-Darstellung selbst durch die Straßen zu wandern. Um diese Funktion aufzurufen, tippen Sie auf eine beliebige Adresse auf der Landkarte von Google Maps. Anschließend halten Sie dort Ihren Finger kurz gedrückt. Die ausgewählte Adresse öffnet sich in einem neuen Fenster. Tippen Sie einmal kurz darauf, um weitere Optionen aufzurufen.

Im neuen Fenster können Sie direkt unterhalb der Adresse vier Funktionen abrufen:

Karte: Damit gelangen Sie zurück auf die Oberfläche von Google Maps.

Route: Tippen Sie auf dieses Symbol, um sofort eine Route zu dieser Adresse von Ihrem derzeitigen Standpunkt aus zu erstellen. Alle anderen Funktionen decken sich mit der bereits beschriebenen Routenplanung.

Anrufen: Falls Sie eine Adresse ausgewählt haben, für welche Sie eine Telefonnummer hinterlegt haben – oder falls es sich um eine öffentliche Einrichtung handelt, deren Nummer bekannt ist –, rufen Sie mit einem kurzen Antippen dieses Buttons sofort die ausgewählte Adresse an.

Street View: Dies ist ein unter Umständen äußerst nützliches Feature – falls es aktiv ist, also StreetView-Daten vorliegen. Tippen Sie mit Ihrem Finger einmal darauf, um das Menü wieder verschwinden zu lassen und zurück auf die Karte zu gelangen. Dort werden Sie anschließend an derjenigen Adresse abgesetzt, welche Sie vorher ausgewählt hatten. Sie sehen nun eine dreidimensionale Darstellung, die mithilfe von Panoramafotos angefertigt wurde und welche genau darstellt, wie diese Nachbarschaft gerade aussieht. Halten Sie Ihren Finger gedrückt, um nach links oder rechts zu schwenken. Indem Sie auf die Pfeile am oberen und unteren Bildschirmrand tippen oder einfach nach oben oder unten mit Ihrem Finger wischen, bewegen Sie sich auf der Straße entlang. Beachten Sie dabei aber, dass dieses Feature nicht für jede Straße und jeden Ort freigeschaltet ist. Google arbeitet aber daran, langsam aber sicher die gesamte Welt zu kartographieren.

Dokumente bearbeiten

Ein Smartphone, so groß sein Bildschirm auch ist, kann einen Computer nicht ersetzen, wenn es darum geht, Texte, Tabellen oder Präsentationen zu bearbeiten. Doch für Änderungen in letzter Minute reicht das Gerät allemal aus. Es gibt eine große Auswahl an Apps, die sich um diesen Job kümmern. Samsung hat auf dem Galaxy S5 allerdings kein Programm vorinstalliert, das mit einem Office-Paket vergleichbar wäre, wie Sie es vom Computer her kennen. Dafür gibt es einige nützliche Tools, die die Vorarbeit erleichtern.

Notizen mit Memo

Memo (ehemals S-Memo) ist Ihr Werkzeug, um Ideen festzuhalten, Einkaufslisten zu notieren oder kurze Texte zu verfassen. Besonders praktisch an der von Samsung mitgelieferten App ist die Tatsache, dass Ihre Memos automatisch auf dem Server gesichert werden und die Texteingabe über Tastatur oder Handschrift möglich ist – was immer Ihnen mehr liegt.

Um ein neues Memo mit dem Finger auf dem Schirm zu schreiben, tippen Sie im Hauptmenü einfach das Icon mit dem Pluszeichen an und vergeben einen Namen für die Notiz. Unter Umständen reicht das ja schon, wenn Sie sich nur "Butter kaufen" merken wollen. Sie können aber auch mehr Text eingeben. Den Modus (Tastatur, Handschrift, Spracheingabe...) stellen Sie über das Icon auf der virtuellen Tastatur (links unten) ein, wie auch in jedem anderen Programm. Über die Icons oben lassen sich dem Memo zusätzlich Bilder oder eine Sprachaufnahme hinzufügen. Wenn Sie fertig sind, tippen Sie (Sie haben es bestimmt schon erraten) "Fertig".

Kleiner Nachteil Ihrer Memos: Der Export ist nicht ganz trivial. Dazu haben Sie drei Möglichkeiten: "Senden via" im Kontextmenü schickt das Memo über alle möglichen Kanäle. Ein PDF erhalten Sie über die "Drucken"-Funktion im Kontextmenü ("Als PDF speichern"). Und schließlich können Sie den Text auch mit dem Finger markieren und in die Zwischenablage kopieren.

Die Zwischenablage ist eine Art Zwischenspeicher, über den Sie Daten unter fast allen Apps austauschen können. Zum Markieren tippen Sie länger auf den Anfang des zu markierenden Abschnitts. Dann erscheint ein blauer Marker, den Sie mit dem Finger über den zu markierenden Text ziehen können. Dabei erscheint dann schon ein Menü mit Ihren Möglichkeiten (Ausschneiden, Kopieren, Einfügen...).

Dokumente scannen und übersetzen mit Text- & Bildscanner

Der Text- & Bildscanner ist in der Programmliste zu finden. Er hilft Ihnen, fremdsprachige Ausdrücke zu übersetzen (Straßenschilder, Werbung und ähnliches), erfasst auf Bildern enthaltenen Text und verrät Ihnen, was hinter einem der inzwischen in vielen Zeitschriften abgedruckten QR-Codes steckt. Eine Netzwerkverbindung (die im Ausland teuer sein kann) wird nicht vorausgesetzt.

Nach dem Start öffnet die Scan-Software ein Kamera-Fenster. Tippen Sie auf das Kamera-Icon, wenn Sie die zu erfassende Information anvisiert haben.Über das Glühlampensymbol oben rechts schalten Sie bei Bedarf eine Leuchte hinzu. Am Mikrofon-Symbol oben links erkennen Sie, ob auch Sprachbefehle ("Klick" oder "Aufnahme") möglich sind. Erfassen können Sie zum Beispiel komplette Texte und einzelne fremdsprachliche Wörter (auch Japanisch, Koreanisch oder vereinfachtes

Chinesisch funktionieren), die das Programm dann übersetzt, oder auch die seltsamen, meist schwarz-weißen QR-Codes. Was die Software erkennt, wird sofort auf dem Bildschirm angezeigt. Dabei müssen Sie eventuell ein bisschen mit der Entfernung spielen und dem Programm Zeit lassen. Bei erfolgreicher Übersetzung können Sie sich das Wort auch aussprechen lassen ("Text-zu-Sprache" im Kontextmenü).

Wenn ein zu erfassender Text bereits als Bild im Handy vorliegt, öffnen Sie das Kontextmenü und wählen daraus "Bilder laden".

Weitere Optionen des Kontextmenüs:

Verlauf: Was die Software bereits erkannt hat.

Spracheinstellungen: Wählen Sie Quell- und Zielsprache unter vielen Varianten.

Sprache übersetzen mit Übersetzer

Wenn Sie im Ausland unterwegs sind, hilft Ihnen die von Google bereitgestellte App "Übersetzer" weiter. Die Übersetzungen sind manchmal etwas gewöhnungsbedürftig und erinnern an "Englisch mit Loddar". Aus "Wo geht es denn hier zum Bahnhof?" wird etwa "Where it goes here to the station". Das Gegenüber dürfte aber trotzdem verstehen, worum es geht. Außerdem bekommt man zunächst angezeigt, was das Programm überhaupt verstanden hat. Aus der "railway station" (Bahnhof) wurde zum Beispiel schnell mal die "rabies station" (Tollwut-Station)...

Die Bedienung der Software ist einfach. Man wählt Quell- und Zielsprache aus und kann den zu übersetzenden Satz dann eintippen oder sprechen. So lässt sich auch ein Dialog führen – man bittet das Gegenüber einfach, seine

Antwort ebenfalls ins Handy zu sprechen. Die Übersetzung erscheint in der jeweiligen Schrift, man kann sie aber auch vom S5 intonieren lassen.

Eine kleine Falla lauert, wenn Sie sich im Ausland befinden. Das Programm kann nämlich zwar ohne Netzverbindung übersetzen – aber nur, wenn Sie zuvor das entsprechende Sprachpaket heruntergeladen haben. Das sollten Sie also am besten schon zu Hause erledigen. Ob sich eine Sprache auf dem Gerät befindet, erkennen Sie an der gesetzten Stecknadel. Nicht alle Sprachen lassen sich allerdings herunterladen. Bei besonders exotischen (Philippinisch, Hausa...) brauchen Sie unbedingt Internet.

Das gilt auch, wenn Sie statt einer bestimmten Sprache "Detect language" (Sprache herausfinden) gewählt haben. Selbst wenn die Quellsprache dann schon auf dem Gerät ist, muss das Handy per Netz nachfragen, woraus es denn übersetzen soll.

Empfehlenswerte Office-Programme

Kingsoft Office-Suite

Die Office-Suite des Herstellers Kingsoft (https://play.google.com/store/apps/details?id=cn.wps.moffice_eng) ist seit geraumer Zeit kostenlos. Öffnet man ein Dokument damit, zeigt die App dieses zunächst im Reader-Modus an. Ein Tipp auf das "Reader"-Symbol, und das Dokument wird im Vollbild-Modus auf den Schirm gebracht.

Oben rechts finden Sie eine kleine Menüleiste, die die wichtigsten Funktionen bereitstellt. Das Stift-Icon führt Sie zum Beispiel in den Bearbeiten-Modus. Hier können Sie Schriftarten und Formatierungen ändern, wie Sie es vom

Computer gewohnt sind. Es ist sogar möglich, Anmerkungen und Korrekturen hinzuzufügen, die andere Nutzer dann bearbeiten können. Dokumente lassen sich per E-Mail oder über den Cloud-Dienst Evernote mit anderen Anwendern teilen.

Nur bei Präsentationen funktioniert das nicht - das entsprechende Modul verlangt die Installation des chinesischen Twitter-Äquivalents Weibo. Wer mag, darf sein Dokument auch mit Passwort verschlüsseln. Unabhängig davon erlaubt das KingSoft Office über sein Hauptmenü auch Zugriff auf Daten, die bei Dropbox, Google Drive und Box.Net lagern.

Erlaubte Eingabe-Formate sind Microsoft Office 97 bis 2010 (.doc, .docx, .txt, .xls, .xlsx, .ppt und .pptx). Als Ausgabe-Formate werden Microsoft Word und Excel 97 bis 2003 unterstützt (.doc, .txt und .xls) sowie Microsoft PowerPoint 97 bis 2010 (.ppt und .pptx).

OfficeSuite Professional

Die Professional-Version der OfficeSuite (https://play.google.com/store/apps/details?id=com.mobi systems.editor.office_registered) kostet im Appstore 10,90 Euro. Nicht direkt ein Schnäppchen, aber das Programm ist durchaus umfangreich. So kann es zum Beispiel als eines von wenigen auch auf Microsofts "Skydrive" zugreifen, hinzu kommen Google Drive, Dropbox, Box.Net und SugarSync. Auch Cloud-Print via Google wird unterstützt - dafür benötigt man einen Drucker, der mit dem Dienst zusammenarbeitet. Details dazu finden Sie hier: http://www.google.com/cloudprint/learn/printers.html.

Selbst erstellen können Sie Word-, Excel- und PowerPoint-Dateien. Dabei ist OfficeSuite bei Word und

Excel am leistungsfähigsten. Die Symbolleiste für die Formatierung finden Sie jeweils unterhalb des Textfensters.

Bei Präsentationen liefert das Programm lediglich zehn Vorlagen, die sich in engen Grenzen ändern lassen. Da leistet die Konkurrenz mehr.

Documents To Go 3.0

Das Office-Paket „Documents To Go (https://play.google.com/store/apps/details?id=com.dataviz.docstogo)“ kostet zunächst einmal keinen Cent. In dieser Grundfassung kann die App die typischen Microsoft-Office-Dateien öffnen und in ihrer Formatierung auf dem Bildschirm darstellen. Dabei werden sogar die neuen Formate DOCX, XLSX und PPTX unterstützt, die von vielen anderen Apps noch nicht gelesen werden. Auch PDF-Dokumente lassen sich problemlos öffnen. Auf diese Weise kann der Anwender elektronische Handbücher und andere PDF-Dokumente direkt am mobilen Bildschirm sichten.

Wer seine Office-Dateien allerdings auch bearbeiten möchte, muss einen zusätzlichen Key einkaufen, der mit 11,45 Euro durchaus noch bezahlbar ist. Er schaltet die bereits installierte Lite- zur Vollversion frei, ohne dass weitere Dateien heruntergeladen werden müssen. Das Startmenü der App ist ganz darauf ausgerichtet, einen möglichst schnellen Zugriff auf die mobilen Office-Dateien zu erlangen. „Documents To Go“ kann hier auf die lokal gespeicherten Dateien zugreifen, die zuletzt geöffneten Office-Dokumente einlesen oder aber Google Drive einbinden, sodass die online gespeicherten Dokumente über eine Internet-Anbindung auch in der App gelesen und bearbeitet werden können.

Das Auslesen aus der Dropbox wird leider nicht angeboten. Dafür bietet der Hersteller ein eigenes Windows-Tool an. Das erlaubt eine Synchronisation zwischen dem PC und dem mobilen Android-Gerät. Änderungen, die unterwegs durchgeführt werden, sind dann automatisch auch auf dem Windows-PC vorhanden. Trotzdem: Eine Dropbox-Anbindung wäre universeller nutzbar gewesen.

Gern legt das Office-Programm auch neue Dateien in den wichtigen Microsoft-Formaten an. Texte, Kalkulationen und Präsentationen lassen sich so auch mal eben unterwegs in der Bahn oder im Flugzeug eingeben. Das Eingabefenster erinnert hier an die nackte Texteingabe von Android, es werden keine Menüs oder Buttons zur Formatierung mit angeboten. Wer Formatierungen wie „fett“ oder „kursiv“ durchführen möchte, muss sie über die Einstellungen in einem Popup-Auswahlfenster laden. Das ist umständlich. Auch Aufzählungen, nummerierte Listen, Tabellen, Kommentare und Fußnoten lassen sich mit der App umsetzen. Bei der Arbeit mit Zahlenkolonnen bietet die App immerhin 111 wichtige Funktionen an.

Richtig komplizierte Arbeiten an den Texten lassen sich mit „Documents To Go“ dann aber doch nicht ausführen. Immerhin verspricht der Anbieter, dass eine eigene Technik zum Einsatz kommt, die verhindert, dass bearbeitete Texte ihre Formatierungen verlieren. Das ist wichtig, denn was nützt eine mobile Bearbeitung der Texte, wenn dabei die grundlegende Formatierung verloren geht?

Interessant: „Documents To Go“ klinkt sich in E-Mail-Anwendungen ein, sodass sich Dokumente im Attachment gleich mit dem eigenen Viewer öffnen und betrachten lassen (cs).

Smart Office 2

Das „Smart Office 2 (https://play.google.com/store/apps/details?id=com.picsel.tgv.app.smartoffice)“ (8,98 Euro) überzeugt bereits beim Start. Es ist schnell geladen, bietet eine sehr moderne und farbenfrohe

Oberfläche und begrüßt den Anwender gleich mit einer Bildschirmhilfe und einem Schnelldurchgang für die erste Orientierung.

Die Software kommt mit bereits vorhandenen Bürodateien bestens zurecht und öffnet PDFs, aber auch die typischen Dateien des Microsoft Office Pakets. Word-, Power- Point- und Excel-Dateien lassen sich demnach nun auch unterwegs lesen. Das „SmartOffice 2" bietet eine Thumbnail-Vorschau auf den Inhalt einer Datei. Sobald sie geöffnet ist, lässt sich die Ansicht mit der Zwei-Finger-Geste zoomen. Sehr gut ist, dass die Software auch die „neuen" Office-Formate unterstützt. So können auch DOCX-, XLSX- und PPTX-Dateien geöffnet werden.

Mit dem „SmartOffice 2" greifen die Anwender direkt auf die einzelnen Ordner auf dem Android-Gerät zu. Eine Zeitleiste sortiert die Office-Dateien alternativ nach dem Datum des letzten Zugriffs. Auf diese Weise lassen sich die zuletzt geöffneten Texte, Kalkulationen oder Präsentationen schnell wiederfinden – egal, wo sie gerade gespeichert sind.

Eine weitere Besonderheit: Das „SmartOffice 2" kann die Dropbox und Google Docs direkt in seine Oberfläche integrieren. So hat der Benutzer direkten Zugriff auf die Office-Dateien, die er den beiden Cloud-Systemen anvertraut hat. Gerade der Datenaustausch mit diesen beiden Systemen macht viel Sinn. So sind Änderungen, die der Benutzer an einer Datei vornimmt, dank der automatischen Synchronisation sofort auch von jedem anderen Rechner aus abrufbar. Ansonsten können die Dateien aber auch aus der App heraus via Mail oder Bluetooth-Datenaustausch weitergegeben werden. Wichtig: Änderungen an einer Datei lassen sich durchführen, ohne dass die ursprüngliche Formatierung verloren geht.

Gern legt das „SmartOffice 2" auch neue Dateien an – als DOC, XLS oder PPT. Sehr anwenderfreundlich sind an dieser Stelle die vielen Vorlagen, die sich frei benutzen lassen. So werden wichtige Schriftstücke noch ein wenig schneller angelegt. Natürlich ist es am Smartphone auf Dauer unbequem, Texte über die Onscreen-Tastatur zu erfassen. Hier lohnt es sich unbedingt, eine externe Bluetooth-Tastatur zu verwenden. Dann ist es aber kein Problem mehr, das eigene Gerät zu nutzen, um unterwegs auch einmal längere Texte zu schreiben.

Die App arbeitet bestens mit vielen WLAN- Druckern zusammen, kann also bereits vorhandene oder neu aufgesetzte Dateien direkt an den Printer schicken. Der Kauf einer separaten Drucker-App kann demnach entfallen (cs).

SoftMaker Office für Android

In der Android-Gemeinde genießt das Office-Paket des deutschen Herstellers SoftMaker (https://play.google.com/store/apps/details?id=softmaker.applications.textmaker) einen sehr guten Ruf.

Mit insgesamt 8,97 Euro ist das Paket inzwischen auch preislich sehr konkurrenzfähig. Es besteht aus drei Komponenten.

TextMaker Mobile 2012: Starke und zuverlässige Textverarbeitung. Liest und schreibt DOC- und DOCX-Dateien.

PlanMaker Mobile 2012: Tabellenkalkulation mit umfassenden Rechenfunktionen. Liest und schreibt XLS- und XLSX-Dateien.

SoftMaker Presentations Mobile 2012: PowerPoint-kompatibles Präsentationsprogramm. Liest und schreibt PPT- und PPTX-Dateien.

Alle drei Programmteile können direkt ins PDF-Format exportieren. Softmaker stellt auch eine kostenlose

Testversion bereit. Die Lizenz gilt in der Familie für bis zu drei Geräte.

Dokumente drucken

Ihr Smartphone besitzt zwar keinen direkten Drucker-Anschluss. Viele aktuelle Drucker-Modelle lassen sich jedoch schon direkt in das heimische WLAN einbinden oder über einen im Netz befindlichen Computer für andere Nutzer freigeben. Auf solche Drucker können Sie auch vom Handy aus zugreifen.

Allerdings funktioniert nicht jede der für diesen Zweck im Appstore erhältlichen Apps auch mit jedem Drucker. Viele der Apps unterstützen den Cloud-Print-Service von Google (http://www.google.com/cloudprint/learn/apps.html), über den Sie sich im Web ausführlicher informieren können. Ihre Daten wandern dann vom Handy zu den Google-Servern und von diesen zu Ihrem Drucker. Der muss dann nicht einmal im selben Haus stehen - so können Sie auch von unterwegs Seiten auf Ihrem Drucker zuhause drucken.

Die offizielle CloudPrint (https://play.google.com/store/apps/details?id=com.paulolslf.cloudprint)-App stellt Google kostenlos im Appstore bereit. PrinterShare Mobile Print (https://play.google.com/store/apps/details?id=com.dynamixsoftware.printershare) (9,95 Euro, Demo kostenlos) spricht Drucker an, die im WLAN oder über Google-Cloudprinting verfügbar sind. Funktioniert mit vielen verschiedenen Modellen. Es ist zwar die teuerste Software, die ich ausprobiert habe, sie scheint mir jedoch die flexibelste Lösung zu bieten.

Außerdem bieten viele Druckerhersteller speziell für ihre eigenen Modelle Print-Apps an, die Sie über den Namen des Herstellers im Appstore finden.

Wie es euch gefällt: das Smartphone einstellen & individualisieren

Das Einstellungsmenü von Android wächst mit jeder Version – da fällt es auch Profis schwer, die Übersicht zu behalten. Deshalb in systematischer Reihenfolge hier nun alle Menüs, von links nach rechts und von oben nach unten – und was Sie darüber erreichen. Samsung-spezifische Funktionen finden Sie auch in einer separaten Übersicht zusammengefasst ("Made by Samsung").

Das Einstellungsmenü

In die allermeisten Menüs müssen Sie sich vermutlich nie versenken – an manchen Stellen verstecken sich jedoch ein paar Schätze. Samsung hat dem Einstellungsmenü beim Galaxy S5 eine neue Oberfläche spendiert. Es besitzt nun mehrere Bereiche mit verschiedenen Icons, die sich per Fingertipp zusammen- und auseinanderfalten lassem. Über das Kontextmenü können Sie sich aber auch die bekannte Listen- beziehungsweise Registerkartenansicht zeigen lassen.

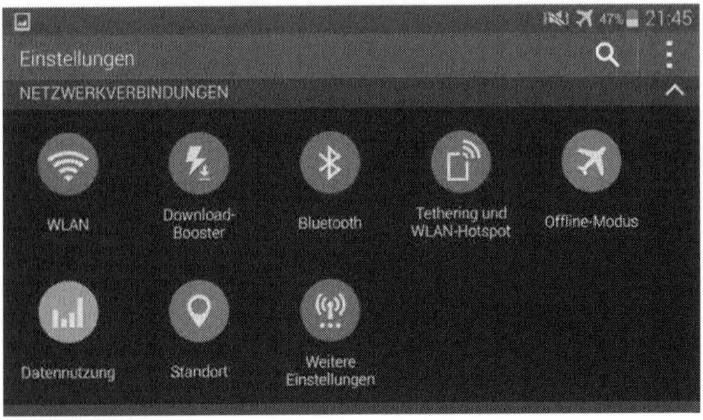

Schnelleinstellungen:

In diesem (von Ihnen konfigurierbaren) Bereich sind die wichtigsten Einstelloptionen untergebracht. Über das Kontextmenü "Schnelleinstellungen bearbeiten" können Sie dem Bereich weitere Icons hinzufügen oder Funktionen entfernen.

Netzwerkverbindungen:

Hier geht es um alles, was funkt – jedenfalls fast.

WLAN: Die WLAN-Einbindung des Smartphones regulieren. Über diese Funktion verbinden Sie Ihr Handy mit einem WiFi-Funknetz. Außerdem können Sie hier den "Intelligenten Netzwechsel" einschalten. Aktiviert sorgt er dafür, dass etwa beim Vorhandensein eines WLANs Daten nicht mehr (teurer) über das Mobilfunknetz übertragen werden.

Download-Booster: Wenn Sie es beim Herunterladen einer großen Datei besonders eilig haben, können Sie sie mit dieser Funktion über WLAN und Mobilfunk gleichzeitig downloaden. Voraussetzung ist natürlich, dass Sie in ein WLAN eingewählt sind.

Bluetooth: Bluetooth-Verbindungen herstellen, etwa zu einer Tastatur. Sobald Sie Bluetooth aktivieren, sucht das Handy nach ebenfalls über diesen Funkstandard sendenden Geräten. Mit einem Fingertipp auf den Eintrag koppeln Sie beide Geräte. Um Missbrauch zu vermeiden, müssen Sie in der Regel für das fremde Gerät eine PIN eingeben.

Tethering und WLAN-Hotspot: Ihr Galaxy S5 kann nicht nur sich selbst mit dem Netz verbinden, sondern auch anderen Geräten dabei helfen. Das funktioniert über Kabel ("USB-Tethering"), WLAN-Funk ("Mobiler WLAN-Hotspot") oder Bluetooth-Funk. Über das USB-Kabel und via Bluetooth können Sie jeweils nur einem anderen Gerät Ihre Internet-Verbindung bereitstellen. Der Mobile WLAN-Hotspot verschafft sogar mehreren Klienten (etwa Notebooks oder Tablets) Internet-Zugang. Allerdings funktioniert er nicht, wenn Ihr S5 selbst über WLAN ins Netz geht.

Offline-Modus: Schaltet alle Funkübertragungen aus – das brauchen Sie im Flugzeug.

Datennutzung: Einstellungen und Statistiken für die Datenübertragung. Interessant ist hier im Kontextmenü die Option "Mobile Hotspots". Darüber verraten Sie dem Galaxy S5, welche WLAN-Zugänge es lieber NICHT zum Download großer Datenmengen verwenden soll – weil das vielleicht zu teuer wird.

Standorte: Ihr Handy kann über GPS, das Telefonnetz und über WLAN seine eigene Position feststellen. Dies können Sie ihm hier verbieten. Bei der Auswahl der Suchmethode (Standardwert: Hohe Genauigkeit) kann es interessant sein, den Energiesparmodus einzuschalten – dann werden die Ergebnisse zwar ungenauer, doch der Akku hält länger.

Weitere Einstellungen: Als “Standard Messaging App” legen Sie fest, welche App Ihre SMS verwaltet. “Mobile Netzwerke” brauchen Sie, wenn sich Ihr Handy nur mit einem bestimmten Provider verbinden soll.

Verbinden und freigeben:

In diesem Bereich finden Sie Funktionen, die mit dem Teilen von Inhalten zwischen unterschiedlichen Geräten zu tun haben.

NFC: NFC (Near Field Communication) ist ein Funkstandard mit sehr kurzer Reichweite. Er wird vor allem genutzt, um bestimmte Funktionen auszulösen, etwa die Datenübertragung zwischen zwei Geräten oder auch Bezahlvorgänge. Als Optionen stehen hier Android Beam (benutzt Bluetooth, funktioniert mit vielen Android-Geräten) und S Beam (benutzt WLAN, nur zwischen Samsung-Geräten) bereit.

Geräte in der Nähe: Wenn Sie in Ihrem Haushalt ein Mediengerät nach dem DLNA-Standard verwenden, können Sie es hierüber ansteuern.

Drucken: Hier können Sie verschiedene Druckdienste aktivieren, die über WLAN oder / und über die Cloud kompatible Drucker ansteuern. Über den Plus-Button lassen sich weitere Dienste finden.

Screen Mirroring: Bildschirm des S5 für andere Geräte freigeben (diese müssen “Samsung Allshare” unterstützen – also von Samsung hergestellt sein).

Ton und Anzeige:

Alles rund um Lautstärke und Helligkeit.

Ton: Es ist erstaunlich: das Galaxy S5 ist ja keine Stereo-Anlage – und trotzdem besitzt es mehr

Einstellmöglichkeiten für den Sound als jede HiFi-Box. Das liegt daran, dass Sie nicht nur zwischen "Klingeln" und "Vibrieren" wählen können, sondern Samsung dabei auch noch alle möglichen Musikschnippsel und Vibrationsmuster anbietet, die je nach Funktion in unterschiedlicher Intensität ausgeführt werden. Sie dürfen einstellen, wie das Handy Tastentipper und Berührungen quittiert und ob auch das Entsperren akustisch vermeldet wird. Zudem können Sie hier Ton-Einstellungen für das Telefon, die SMS-Funktion, E-Mails und den S-Planner treffen.

Anzeige: Dieses Menü ist für all das zuständig, was Sie auf dem Bildschirm sehen. Sie dürfen die Helligkeit regulieren, die Schriftart vergrößern und die automatische Bildschirmdrehung ausschalten. So weit, so normal. Doch gerade bei der Display-Darstellung geht Samsung einen Schritt weiter: Wie soll das Handy die Farben interpretieren, soll es besonders viele Kontraste zeigen oder doch lieber neutral bleiben? Das legt der "Bildschirmmodus" fest. Schließlich gibt es noch einen Bildschirmschoner (eigentlich unnötig, da das Display nicht einbrennt) und Sie können die Mini-Lämpchen am Handy (LEDs) und die virtuellen Tasten neben dem Home-Button regulieren. Wenn Sie sich nicht merken können, wo welche Taste sitzt, setzen Sie die "Touch-Key-Beleuchtungsdauer" am besten auf "Immer ein".

Hintergrundbild: Was hinter all den Apps und Widgets zu sehen ist, können Sie getrennt für Start- und Sperrbildschirm festlegen.

Sperrbildschirm: Dieses Menü ist für Funktion und Aussehen des Sperrbildschirms zuständig. Sie legen fest, wie Sie Zugang zum Handy bekommen, ob eine Uhr und das Datum sowie Informationen über den Besitzer angezeigt werden und wann der Sperrbildschirm sich aktiviert.

Multi-Window: Aktiviert die Multi-Window-Anzeige, über die wir schon gesprochen haben.

Benachrichtigungsfeld: Was soll in der Anzeige stehen, die Sie mit dem Finger aus der Statusleiste herunter ziehen können? Bemerkenswert sind hier die "Empfohlenen Apps": Dabei handelt es sich um Apps, die Ihnen aufgrund vorheriger Aktionen (etwa Kopfhörer anschließen) vorgeschlagen werden.

Toolbox: Die Toolbox ist eine Art Werkzeugkasten, der Ihnen als schwebendes Fenster in allen Anwendungen zur Verfügung steht. Darin könnten Sie besonders häufig benötigte Apps (Rechner, Kamera, Internet) unterbringen. Mich selbst stört die Toolbox allerdings eher. Im Auslieferungszustand ist sie ausgeschaltet.

Einhändiger Betrieb: Mit seinen 5,1 Zoll Diagonale ist das Galaxy S5 nicht immer leicht mit einer Hand zu bedienen. Wer darauf Wert legt, kann den "Einhändigen Betrieb" aktivieren. Wenn Sie den Schalter auf "Ein" schieben, passiert zunächst nichts. Sie können den Bildschirm nun jedoch mit einer flinken Links-Recht-Geste des Daumens um etwa ein Drittel verkleinern. So erreichen Sie alle Knöpfe leichter (wenn auch immer noch nicht optimal). Über das Symbol oben rechts nimmt die Darstellung wieder den kompletten Bildschirm ein.

Personalisierung:

Die Bezeichnung dieses Bereichs passt nicht so ganz – eigentlich geht es hier um unterschiedliche Verwendungsarten des Smartphones.

Einfacher Modus: Als Samsungs Spitzenmodell ist das Galaxy S5 eigentlich kein Handy für absolute Einsteiger, Kinder oder technikunerfahrene Senioren. Wenn Sie Ihr Gerät trotzdem einmal einem unbedarften Menschen in die Hand drücken müssen, können Sie den "Einfachen

Modus" einschalten. Dann stehen nur noch wenige Apps bereit, die Schriften werden groß angezeigt und auf der ersten Seite des Start-Bildschirms finden sich wichtige Kontakte, die der Nutzer per Fingertipp anruen kann. Um wieder auf den Normal-Modus umzuschalten, wählen Sie auf dem rechten Start-Bildschirm "Einfacher Modus", darin ebenfalls "Einfacher Modus" und dann "Standardmodus".

Eingabehilfe: Auf Wunsch erleichtert das Galaxy S5 seine Bedienung – und zwar abhängig von den Einschränkungen, denen der Nutzer unterworfen ist. Bei "Sehhilfe" kann das Handy jeweils per Sprache bestätigen, welches Menü man gerade getroffen hat (TalkBack). Dieser Modus ist recht clever umgesetzt, so wird zum Beispiel auf Wunsch auch der Bildschirm deaktiviert, damit Umstehende nicht spionieren können. Die Farben der Bildschirmdarstellung lassen sich invertieren, manche Farben (Rot / Grün) vermeiden. Unter "Hörbehinderung" lässt sich das Blitzlicht als Benachrichtigung aktivieren und Untertitel werden angezeigt. Hier versteckt sich auch eine Babyfon-Funktion: Immer dann, wenn das Handy ein weinendes Baby erkennt, vibriert es. Unter "Geschicklichkeit und Interaktion" schließlich finden Nutzer Hilfe, die unter Einschränkungen der Beweglichkeit leiden. Sie profitieren unter anderem von speziellen Schnellzugriffs-Menüs. Außerdem ist in diesem Menüpunkt "Smart Scroll" versteckt: Darüber lassen sich Bildschirminhalte mit den Augen scrollen.

Ruhemodus: Wenn Sie für bestimmte Zeit von niemandem belästigt werden möchten, könnten Sie Ihr Handy natürlich ausschalten. Aber was, wenn dann ausgerechnet der Chef oder die Schwiegermutter ein dringendes Anliegen haben? Hier hilft der Ruhemodus: Er lässt für einen einstellbaren Zeitraum nur Anrufe oder Nachrichten bestimmter Kontakte zu, die Sie selbst festlegen dürfen.

Privater Modus: Falls Sie Ihr Handy ab und zu auch anderen in die Hand geben (etwa Ihren Kindern zum Spielen), haben diese Nutzer normalerweise Zugriff auf all Ihre Daten, Bilder und so weiter. Davor schützt der private Modus – zumindest in Apps, die diesen unterstützen, etwa in der Foto-Galerie.

Finger-Scanner: Der Fingerabdruck-Scanner im Home-Knopf ist eine Neuerung des Galaxy S5. In diesem Menü können Sie ihn mit Abdrücken füttern. Dadurch können Sie zum einen das Gerät mit dem Finger entsperren, zum anderen bei Paypal mit dem Abdruck bezahlen. Für die Verwaltung ist der Fingerabdruck-Manager zuständig. Er kann maximal drei Abdrücke speichern. Bei der Aufnahme ist der Finger senkrecht über den im Home-Knopf untergebrachten Sensor zu führen, und zwar acht Mal. Danach müssen Sie noch ein Kennwort vergeben, das Sie nutzen können, wenn die Erkennung mal nicht funktioniert.

Wenn Sie Ihr alternatives Passwort mal vergessen haben, der Finger-Scanner aber noch zum Entsperren funktioniert, ist das kein Problem: Löschen Sie über den Fingerabdruck-Manager all Ihre Fingerscans. Danach können Sie die Abdrücke neu anlegen – und auch ein neues alternatives Passwort vergeben.

Ein Tipp noch: Bei einhändiger Bedienung ist das Entsperren mit dem Zeigefinger unmöglich, da dieser ja senkrecht geführt werden muss. Besser funktioniert es mit dem Daumen: Scannen Sie diesen schon so ein, dass Sie das Handy mit einer Hand festhalten, also leicht schräg. Der Abdruck wird trotzdem erfasst und die Erkennung funktioniert nach meiner Erfahrung gut.

Bewegung:

Ein paar Samsung-Eigenheiten, die die Bedienung des Geräts erleichtern sollen.

Bewegungen und Gesten: Hier schalten Sie Funktionen wie “Air Browse” (Scrollen mit der Hand, ohne den Schirm zu berühren), “Direktanruf” (Anrufen durch Bewegung des Handys zum Kopf), “Smart Alert” (das Handy zeigt Ihnen per Vibration beim Hochheben, dass es Neuigkeiten gibt), “Stumm / anhalten” (Video bzw. Telefonat durch Umdrehen des Geräts anhalten), “Smart Pause” (Video anhalten durch Wegsehen) und “Aufnehmen durch Wischen” (Bildschirmfoto durch Handbewegung) ein und aus.

Air View: Mit dieser Funktion reicht es, den Finger über ein Element (Termin, Foto, Video, Telefontastatur) zu halten, um eine Vorschau des Inhalts aufzurufen.

Benutzer und Sicherung:

Die Unterpunkte hier sind vor allem für Ihre Benutzerkonten zuständig.

Konten: Eine Liste all Ihrer Konten, die Sie hier auch verändern können. Über “Konto hinzufügen” legen Sie neue Konten an (siehe Kapitel “Konten einrichten”).

Cloud: Ein direkter Blick in Ihre Konten etwa bei Samsung oder Dropbox. Wieviel Speicher ist noch frei, was wird dort alles abgelegt. Auch eine Wiederherstellung des Handyspeichers ist hier möglich – wenn sie ihn denn online gesichert haben.

Sichern und zurücksetzen: Soll das S5 Ihre Daten automatisch auf Google-Servern sichern? Das hilft sicher im Verlustfall, aber natürlich müssen Sie Google dazu Ihre Daten anvertrauen. “Auf Werkseinstellungen zurücksetzen” sollten Sie aufrufen, bevor Sie das Handy an Unbekannte (oder auch nur in die Werkstatt) geben.

System:

Eine bunte Mischung von Einstellungen, die wohl nirgend anders passten.

Sprache und Eingabe: Einstellungen für die Tastatur und die Sprachausgabe.

Datum und Uhrzeit: Eben dies. "Automatische Zeitzone" schaltet für Sie bei Auslandsreisen bequem in die jeweils richtige Zeitzone.

Notfallassistent: Drei recht unterschiedliche Funktionen, die Sie hoffentlich nie brauchen. Der "Notfallmodus" schaltet den Bildschirm in den Stromsparmodus und zeigt nur noch die Apps Kontakte, Telefon und Nachrichten. Dadurch soll das S5 bei Stromausfällen länger durchhalten. "Geo-Neuigkeiten" zeigt im Katastrophenfall Benachrichtigungen zu Gefahren. "Hilfenachrichten senden" bewirkt, dass bei dreimaligem, schnellem Drücken der Power-Taste Alarm-Nachrichten an Ihre wichtigsten Kontakte gehen (die Sie unter "Wichtigste Kontakte verwalt.." definiert haben). Dabei kann das Handy auch Bilder und Tonaufnahmen mitschicken. Die Funktion kann vielleicht Leben retten – wenn Sie sie aus Versehen auslösen, handeln Sie sich aber auch jede Menge Probleme ein.

Zubehör: Betrifft hier nur HDMI, also das Kabel zum Fernseher. Soll darüber auch Ton übertragen werden?

Akku: Wie viel Kraft steckt noch im Akku, und wer verbraucht die Energie?

Energiesparmodus: Hilft beim Stromsparen. Der normale Sparmodus deaktiviert Programme, die im Hintergrund laufen und schraubt die Prozessorleistung herunter. Der Ultra-Modus schaltet den Bildschirm auf Graustufen und erlaubt nur noch wenige Apps.

Speicher: Übersicht über freien und belegten Speicherplatz. Tippen Sie auf "Verwendeter Platz", um die Verteilung auf Apps, Bilder/Videos, Musik und Downloads einzusehen. Ein Tipp auf "Zwischengespeicherte Da.." erlaubt Ihnen, nur zeitweilig benötigte Daten in einem Rutsch zu löschen (schadet nie). "Sonstige Dateien" zeigt, was sich sonst noch für Daten im Speicher befinden. Hier einfach wild zu löschen, kann allerdings die Funktionsfähigkeit mancher Programme einschränken.

Sicherheit: Ermöglicht, den Speicher des Handys oder die eingelegte MicroSD-Speicherkarte zu verschlüsseln, das Gerät über "Find my Mobile" aus der Ferne zu lokalisieren, Fremde am Aktivieren Ihres Handys zu hindern, Apps aus unbekannten Quellen zu installieren oder die SIM-PIN zu verwalten.

Geräteinformationen: Informationen zu Ihrem Gerät und zu Android. Außerdem Updates für das Betriebssystem. Normalerweise kümmert sich Ihr Handy selbst darum, immer mit der aktuellsten Software zu arbeiten. Aus Sicherheitsgründen würde ich es auch dabei belassen.

Anwendungen:

Einstellungen zu Anwendungen sowie die privaten Einstellungsmenüs bestimmter Apps.

Anwendungsmanager: All Ihre Anwendungen. Darüber können Sie die Programme auch deaktivieren und vom Gerät entfernen, zudem sehen Sie, wie viel Speicherplatz sie belegen. Über das Kontextmenü sortieren Sie die Liste nach Größe oder Alphabet. Tippen Sie auf eine App um zu sehen, was Sie damit anstellen können. Dazu gehören normalerweise: "Stopp erzwingen" (wenn die App etwa nicht mehr reagiert), "Deinstallieren" (entfernt die App vom Gerät), "Auf SD-Karte verschieben" (wenn der Platz im Gerätespeicher ausgeht – das tolerieren jedoch nicht alle Apps), "Daten löschen" (löscht von der App gespeicherte

Daten – kann die Funktionsweise beeinträchtigen, hilft aber auch manchmal, wenn eine App nicht funktioniert), "Cache leeren" (löscht den Zwischenspeicher der App – das schadet nie). Am Ende der Liste erfahren Sie zudem, welche Rechte sich eine App herausnimmt.

Standardanwendungen: Wenn für eine Funktion mehrere Apps bereitstehen (etwa "Chrome" und "Internet" für Webseiten), werden Sie zunächst gefragt, welche Sie nutzen wollen. Tippen Sie dann "immer" an, merkt sich das S5 Ihre Entscheidung. An dieser Stelle können Sie solche Standardwerte wieder löschen.

Anrufeinstellungen: Einstellungen für das Telefon, siehe hier.

Kontakte: Einstellungen zur Kontakte-App, siehe hier.

E-Mail: Einstellungen zum E-Mail-Programm, siehe hier.

Galerie: Einstellungen zur Galerie, siehe hier.

Internet: Einstellungen für den Webbrowser, siehe hier.

Nachrichten: SMS-Einstellungen, siehe hier.

S Planner: Einstellungen zum S Planner, siehe hier.

S Voice: Einstellungen zur Spracheingabe S Voice, siehe hier.

Eine lange Liste – wenn einer der Punkte bei Ihnen Fragen hinterlässt, zögern Sie bitte nicht, diese an mich weiterzuleiten.

Klingeltöne und Vibrationsmuster verändern

Zu den beliebtesten Beschäftigungen mancher Handy-Besitzer gehört das Verändern und Einstellen der Klingeltöne. Das ist beim Samsung Galaxy S5 kein Problem. Dabei können Sie die vorgegebenen Sounds auch durch eigene ergänzen.

Doch öffnen Sie zunächst das Einstellungsmenü und wechseln Sie bei "Ton und Anzeige" zum Unterpunkt "Ton".

Tippen Sie auf "Klingeltöne". Wenn Sie auf den Namen eines Tons tippen, wird dieser abgespielt. Mit "OK" speichern Sie Ihre Wahl.

Über "Hinzufügen" fügen Sie dem Smartphone eigene Klingelsounds hinzu. Diese müssen in einer App zur Verfügung stehen, die Musikdateien exportieren kann. "Play Music" funktioniert hier nicht, wohl aber Samsungs Musik-App oder auch die Dropbox-App oder ein Dateimanager. Es muss sich zudem um eine Ogg-, M4A- oder MP3-Datei handeln.

Verändern können Sie auch Vibrationsmuster und Benachrichtigungstöne. Die Vibrationsmuster können Sie über "Erstellen" nach eigenem Gusto definieren. Bei den Benachrichtigungstönen sind Sie auf die Vorauswahl angewiesen.

Das S5 am Computer verwalten – Samsung Kies

Samsung setzt für seine Handys schon seit einiger Zeit auf ein Programm, das keinen besonders guten Leumund hat: Kies ist eine Art iTunes für Galaxy-Handys. Im Grunde können Sie auf die Software verzichten, auch wenn Ihnen Samsung sicher etwas anderes sagen würde.

Es kann aber doch Gründe geben, Kies einzusetzen. Zum Beispiel wenn Sie vorher ein iPhone besaßen. Kies ist nämlich in der Lage, Sicherungsdateien von iPhones zu extrahieren und daraus unter anderem SMS, Kontakte, Musik, Fotos und so weiter auf das Galaxy S5 zu übertragen. Die Dateien werden dabei je nach Bedarf konvertiert. Mit DRM geschützte Musik ist allerdings davon ausgeschlossen. Damit ist ein recht bequemer Umstieg möglich, zumindest wenn Sie Ihre iPhone-Backups nicht in der Cloud, sondern auf dem Computer angelegt haben.

Auf Apple-Rechnern funktioniert nach der Installation von Kies der Android-Filetransfer nicht mehr. Wollen Sie wieder darüber auf Ihr Smartphone zugreifen, müssen Sie Kies erst vom Computer entfernen.

Welche Möglichkeiten Kies ansonsten bietet, erfahren Sie auf dieser Website:
http://www.samsung.com/de/support/usefulsoftware/KIES/JSP

Die 50 besten kostenlosen Apps

Natürlich ist eine Zusammenstellung der 50 “besten” Apps höchst subjektiv. Aber ich hoffe, Ihnen mit der folgenden Liste zumindest ein paar hilfreiche Anstöße geben zu können, was Ihr Handy alles kann, wenn Sie nur die passende Anwendung dafür herunterladen.

Wenn Sie schon immer gerne geknobelt haben und sich beim Sudoku-Spiel nicht sattspielen konnten, finden Sie in der App „OpenSudoku (https://play.google.com/store/apps/details?id=cz.romario.opensudoku)“ (Platz Nr. 50) das richtige Pendant.

In der sogenannten Basis-Version des App „Documents 2 go (https://play.google.com/store/apps/details?id=com.dataviz.docstogo)“ (Platz Nr. 49) können doc- und docx-Dateien von MS Word bzw. xls- und xlsx-Dateien von MS Excel geöffnet und gelesen werden. Eine Bearbeitung der Dateien erfordert eine kostenpflichtige Version der App.

Es soll Situationen geben, in denen Sie Ihr geparktes Auto am nächsten Morgen nicht mehr wiederfinden. Mit der App „Wo ist mein Auto? (https://play.google.com/store/apps/details?id=com.kozaxinan.locator)“ (Platz Nr. 48) gehört diese Sorge der Vergangenheit an, da Sie per GPS zu diesem gelotst werden.

Wenn Sie das laufende TV-Programm stets griffbereit in der eigenen Hosentasche wünschen, können Sie sich mit der App „Programm Manager (https://play.google.com/store/apps/details?id=de.telekom.android.epg)“ (Platz Nr. 47) diesen Wunsch erfüllen.

Das Konvertieren von Meilen in Stundenkilometern, von angelsächsischen Flächenangaben in mitteleuropäische oder andere Umrechnungen ist mit der App Unit Converter ConvertPad (https://play.google.com/store/apps/details?id=com.mathpad.mobile.android.wt.unit) (Platz Nr. 46) möglich.

Die Stopp-Uhr für alle Fälle bietet die App „Stop Watch (https://play.google.com/store/apps/details?id=identity.android.StopWatch)" (Platz Nr. 45) an. Die gesamte Menüführung ist sehr einfach gestaltet.

Nahezu jede Fahrt mit dem Bus und mit der Bahn können Sie deutschlandweit mit der App „Fahrplan DE (https://play.google.com/store/apps/details?id=ch.elui.android.db)" (Platz Nr. 44) auskundschaften und planen.

Unter den Spielen ist die Klassiker-App „Air Hockey Demo (https://play.google.com/store/apps/details?id=com.todaypda.airhockeydemo)" (Platz Nr. 43) sehr beliebt, kann doch bereits in der Demo-Version die eigene Geschicklichkeit getestet werden.

Sehr hilfreich mangels Dolmetscher ist die App „Google Translate (https://play.google.com/store/apps/details?id=com.google.android.apps.translate)" (Platz Nr. 42), die Wörter und Sätze in bis zu 50 Sprachen übersetzt.

Mit dem richtigen Hintergrund wirkt auch das einfachste Smartphone sehr ansprechend. Hierzu bietet die App „Wallpapers (https://play.google.com/store/apps/details?id=com.caiguda.hdwallpapers)" (Platz Nr. 41) in der Fortgeschrittenen-Version viele Auswahlmöglichkeiten.

Eine Gratis-Ausgabe des Spiels „Toss it (https://play.google.com/store/apps/details?id=com.boolbalabs.tossit.preview)" bietet das kostenlose Preview. Bei dieser App (Platz Nr. 40) müssen Papierkugeln zielsicher in einen Papierkorb befördert werden.

Bei der kostenlosen App „aTilt 3D Labyrinth Lite (https://play.google.com/store/apps/details?id=com.fridgecat.android.atiltlite)" (Platz Nr. 39) müssen Sie eine Kugel per Bewegungssensor durch ein Labyrinth führen. Achten Sie auf die Löcher, in denen die Kugel verschwindet.

Mit der App „Google Goggles (https://play.google.com/store/apps/details?id=com.google.android.apps.unveil)" (Platz Nr. 38) erhalten Sie eine Foto-Software, die beim Fotografieren beispielsweise bekannter Sehenswürdigkeiten von Google die entsprechenden Infos abruft.

Um die wichtigsten Stationen in Ihrer Nähe zu finden, die nächsten Restaurants, Apotheken oder Bankautomaten, setzen Sie die App „Das Örtliche (https://play.google.com/store/apps/details?id=de.dasoertliche.android)" (Platz Nr. 37) ein.

Ebenfalls zu den Spieleklassikern gehört die App „Backgammon Lite (https://play.google.com/store/apps/details?id=com.odesys.bgmon)" (Platz Nr. 36). Damit sind spannende und kurzweilige Stunden garantiert.

Wenn Sie für Ihre SMS immer noch zu viel zahlen, finden Sie in der App „Cherry SMS / Web SMS (https://play.google.com/store/apps/details?id=de.ub0r.android.websms.connector.cherrysms)" (Platz Nr. 35) eine günstige Alternative. Die ersten zehn SMS sind sogar kostenlos, danach fallen für eine SMS lediglich 2,5 Cent an.

Wenn Sie gerne Musik per Smartphone hören, werden Sie mit der App „Last.fm (https://play.google.com/store/apps/details?id=fm.last.an

droid)“ (Platz Nr. 34) noch mehr Möglichkeiten dazu haben.

Eine weitere Möglichkeit, um sich Wartezeiten angenehm zu gestalten, bietet die App „Hangman Classic Free (https://play.google.com/store/apps/details?id=com.virtuesoft.android.hangman)“ (Platz Nr. 33). Damit können Sie Ihre Englischkenntnisse schulen und aufbessern.

Damit Sie nicht nur per Desktop oder Laptop auf Ihren Ebay-Account zugreifen können, sondern auch per Smartphone, sollten Sie die App „Ebay Mobile (https://play.google.com/store/apps/details?id=com.ebay.mobile)“ (Platz Nr. 32) herunterladen und installieren.

Wenn Sie kostenlos nach Podcasts und Playern suchen, bietet sich die Podcast-App „Podkicker (https://play.google.com/store/apps/details?id=ait.podka)“ (Platz Nr. 31) an.

Mit der App „Help Out (https://play.google.com/store/apps/details?id=com.incredibleapp.helpout)“ (Platz Nr. 30) haben Sie Zugriff auf einen weiteren Spieleklassiker rund um Kugeln, Punkte und mehr.

Wenn Sie ein Fan der Fußball-Bundesliga oder der UEFA-Campions League sind und immer auf dem neuesten Stand bleiben möchten, empfiehlt sich die App „ran (https://play.google.com/store/apps/details?id=de.cellular.ran)“ (Platz Nr. 29).

Der RSS-Reader „Mobo RSS Reader (https://play.google.com/store/apps/details?id=com.mobosoft.rss)“ bietet Ihnen viele interessante RSS-Feeds an, weitere können Sie in dieser App (Platz Nr. 28) hinzufügen.

Mit der App „Compass (https://play.google.com/store/apps/details?id=kr.sira.compass)“ (Platz Nr. 27) erhalten Sie einen digitalen Kompass, der Ihnen nicht nur die Himmelsrichtungen anzeigt, sondern auch Längen- und Breitengrade verschiedener Orte.

Die Foto-App „PicSay (https://play.google.com/store/apps/details?id=com.shinycore.picsayfree)“ (Platz Nr. 26) hilft Ihnen dabei, einen selbst erstellten Schnappschuss zurechtzuschneiden und zu bearbeiten.

Um bei allen wichtigen Wetter-Daten auf dem Laufenden zu sein, sollten Sie die App „Wetter.info (https://play.google.com/store/apps/details?id=com.telekom.wetterinfo)“ (Platz Nr. 25) herunterladen und installieren.

Eine Bearbeitung Ihres Displays mit bekannten Widgets (Facebook, Twitter, N-TV und andere mehr) ist mit der App „Fliegende Widgets (https://play.google.com/store/apps/details?id=org.tonee.fly.widgets.free)“ (Platz Nr. 24) möglich.

Den Überblick über alle installierten Programme auf Ihrem Smartphone liefert Ihnen die App „Advanced Taskkiller Free (https://play.google.com/store/apps/details?id=com.rechild.advancedtaskkiller)“ (Platz Nr. 23). Weitere Bearbeitungsmöglichkeiten stehen damit ebenfalls zur Verfügung.

Eine professionelle, schnelle Übersetzung von Englisch zu Deutsch und umgekehrt bietet Ihnen die App „Leo Wörterbuch (https://play.google.com/store/apps/details?id=org.leo.android.dict)“ (Platz Nr. 22). Es werden gleich mehrere Übersetzungsvorschläge angeboten.

Wer gerne spielt und puzzelt, wird von der Klassiker-App „Mahjong (https://play.google.com/store/apps/details?id=com.nix.game.mahjong)“ (Platz Nr. 21) immer noch begeistert sein.

Mit der App „Shazam (https://play.google.com/store/apps/details?id=com.shazam.android)“ (Platz Nr. 20) können Sie den Namen und den Interpreten eines bestimmten Musiktitels schnell und zuverlässig herausfinden.

Um Ihnen den Zugriff auf das Business-Netzwerk Xing zu ermöglichen, sollten Sie sich die App „Xing (https://play.google.com/store/apps/details?id=com.xing.android)“ (Platz Nr. 19) herunterladen.

Um in Ihrer Umgebung schnell Restaurants, Clubs, Tankstellen, Kneipen, öffentliche Behörden und mehr zu finden, sollten Sie sich die App „TomTom Places (https://play.google.com/store/apps/details?id=com.tomtom.places.ttp)“ (Platz Nr. 18) besorgen.

Der Zugriff auf Ihren Twitter-Account und etliche weitere Parallel-Accounts bietet Ihnen die App „Tweetcaster (https://play.google.com/store/apps/details?id=com.handmark.tweetcaster)“ (Platz Nr. 17). Die Menüführung dieser App ist sehr einfach gestaltet und angenehm strukturiert.

Wenn Sie sich schnell in einer fremden Stadt zurechtfinden und die wichtigsten Anlaufpunkte aufgeführt haben möchten, werden Sie mit der App „Wikitude (https://play.google.com/store/apps/details?id=com.wikitude)“ (Platz Nr. 16) eine echte Hilfe erfahren. Hierbei erhalten Sie eine Kameraansicht sowie eine detaillierte Ansicht von Maps auf der Google-Seite.

Wenn Sie wieder einmal Daten schnell und sicher von einem Smartphone zu einem anderen Smartphone übertragen möchten, bietet Ihnen die App „Hoccer (https://play.google.com/store/apps/details?id=com.artcom.hoccer)" (Platz Nr. 15) eine gute Möglichkeit dazu. Ein spezielles Video auf YouTube zeigt Ihnen Details zur Übertragung.

Mit der Freeware „AndroZip (https://play.google.com/store/apps/details?id=com.agilesoftresource)" (Platz Nr. 14) erhalten Sie eine App, mit der Sie sämtliche Anhänge schnell und praktisch komprimieren können, um diese schnell und sicher zu versenden. Unterstützt werden die Dateiformate RAR, ZIP, TAR, GZIP, JAR, EAR, WAR und APK.

Beim Spiel „Abduction (https://play.google.com/store/apps/details?id=au.com.phil)" (Platz Nr. 13) haben Sie nur eine Aufgabe: Eine Kuh soll mit Ihrer Hilfe nicht abstürzen, sondern verschiedene Goodies einsammeln.

Die GPS-Schnitzeljagd nennt sich Geocaching. Eine solche digitale Schatzsuche ist mit der App „c:geo – go geocaching (https://play.google.com/store/apps/details?id=cgeo.geocaching)" (Platz Nr. 12) möglich.

Mit der App „Jewels (https://play.google.com/store/apps/details?id=org.mhgames.jewels)" (Platz Nr. 11), einer Kopie des bekannten Spiels „Bejeweled", spielen Sie mit Diamanten und organisieren diese in bestimmten Reihen. Je besser Ihre Kombinationen ausfallen, umso mehr Punkte werden Sie erhalten.

„Air Control (https://play.google.com/store/apps/details?id=dk.logisoft.aircontrol)" ist die App (Platz Nr. 10), die Sie in die Welt der Fluglotsen entführt. Sie müssen hierbei Geschick und Organisationstalent unter Zeitstress beweisen.

Um günstigere Preise per Internet zu erhalten, können Sie Barcodes und QR-Codes abscannen. Die App „Barcode Scanner (https://play.google.com/store/apps/details?id=com.google.zxing.client.android)“ (Platz Nr. 9) bietet Ihnen die Möglichkeit dazu.

Die offizielle App der Deutschen Post „Post mobil (https://play.google.com/store/apps/details?id=de.deutschepost.postmobil)“ (Platz Nr. 8) bietet Ihnen eine Vielzahl an Informationen sowie einen Handy-Porto-Service. Das gekaufte Porto wird komfortabel per SMS bezahlt.

Der Austausch von Kontakten ist mit der App „Bump (https://play.google.com/store/apps/details?id=com.bumptech.bumpga)“ (Platz Nr. 7) möglich. Wenn die App auf zwei Smartphones vorhanden ist und die Geräte leicht gegeneinander „gestoßen“ werden, kommt es zum gewünschten Datenaustausch.

Eine Datensuche auf Ihrem Smartphone ist mit der App „Gesture Search (https://play.google.com/store/apps/details?id=com.google.android.apps.gesturesearch)“ (Platz Nr. 6) möglich.

Die App „MyTracks (https://play.google.com/store/apps/details?id=com.google.android.maps.mytracks)“ (Platz Nr. 5) bietet Ihnen die Möglichkeit, Ihre Trainingstrecken zu verwalten.

Mit dem Browser „Opera Mini 5 beta (https://play.google.com/store/apps/details?id=com.opera.browser.beta)“ (Platz Nr. 4) können Sie bequem im Netz surfen.

Mit der App „Nimbuzz (https://play.google.com/store/apps/details?id=com.nimbuzz)“ (Platz Nr. 3) unterhalten Sie sich per Chat mit Ihren Kontakten.

Die App „Google Sky Map (https://play.google.com/store/apps/details?id=com.google.android.stardroid)“ (Platz Nr. 2) bringt Ihnen den Himmel und die Sternbilder näher.

Einen privaten Terminkalender mitsamt einer digitalen To-Do-Liste erhalten Sie mit der App „Astrid (https://play.google.com/store/apps/details?id=com.timsu.astrid)“ (Platz Nr. 1), um in Zukunft auch wirklich keinen Termin und keine Aufgabe mehr zu verpassen.

Tipps und Tricks

In diesem Kapitel finden Sie nützliche Tricks und Kniffe, die Ihnen den Umgang mit dem Samsung Galaxy S5 erleichtern. Keine Sorge – es sind keine Risiken und Nebenwirkungen zu erwarten.

Screenshot anfertigen

Wenn Sie den Inhalt des aktuellen Bildschirms festhalten wollen, drücken Sie die Tasten für "Home" und "Power" gemeinsam. Die Fotos werden im Verzeichnis /Pictures/Screenshots abgelegt.

Den Fernseher fernsteuern

Samsung hat dem S5 einen Infrarotsender spendiert. Mit der zugehörigen App "WatchON" lässt sich das Handy als Fernbedienung einsetzen. Dazu müssen Sie zunächst Ihren Standort verraten. Die App schlägt Ihnen dann einen Kabel- oder Satellitenanbieter vor und lässt Sie aus einer langen Liste Ihre Genre-Favoriten wählen. Zudem dürfen Sie auch Lieblings-Sportarten aussuchen und Ihr Alter und Geschlecht angeben. Anhand dieser Auswahl und Ihrer künftigen TV-Nutzung versucht das Programm dann, Ihnen interessante Sendungen vorzuschlagen. Außerdem versucht WatchON, Ihnen Filme zum Download zu empfehlen.

Mit einem Fingertipp schaltet Ihr Fernseher dann automatisch zur richtigen Zeit auf den korrekten Sender um. Das funktioniert – kleine Einschränkung – allerdings nicht, wenn Sie die Senderliste Ihres TV-Anbieters umsortiert haben. Sie können WatchON aber auch als ganz normale Infrarot-Fernbedienung nutzen und zum Beispiel auch an Ihre anderen Geräte anlernen.

Geschenke, Geschenke!

Auf dem letzten Homescreen finden Sie ein Widget namens “Galaxy Gifts”. Dahinter verstecken sich 20 Apps, die zwar meist sowieso kostenlos sind, aber tatsächlich in ihrem jeweiligen Bereich zu den besten gehören. Insbesondere bei Abo-Diensten wie dem Musikservice Deezer gibt es zumindest zeitlich befristet etwas abzustauben. Ein Blick lohnt sich jedenfalls.

Flash-Player installieren

Auf neueren Handys sind die Hersteller inzwischen dazu übergegangen, den Flashplayer nicht mehr zu installieren. So auch Samsung – wer Seiten nutzen will (etwa manche Facebook-Spiele oder Live-TV-Angebote), muss sich selbst helfen. Das ist aber kein Problem.

Besorgen Sie sich zunächst den kostenlosen Webbrowser Firefox aus dem Google-Marktplatz (https://play.google.com/store/apps/details?id=org.mozilla.firefox&hl=de) (https://play.google.com/store/apps/details?id=org.mozilla.firefox&hl=de) Mit dem eingebauten Chrome-Browser funktioniert Flash nicht.

Jetzt öffnen Sie das Einstellungsmenü des Galaxy S5 (Zahnrad), wechseln zu “System” und tippen auf “Sicherheit”. Setzen Sie ein Häkchen bei “Unbekannte Quellen”.

Laden Sie dann von der Adobe-Seite die aktuellste Flash-Version für Android herunter:

http://adobe.ly/1jl7vX5

Zum Redaktionsschluss war es Version 81:

http://bit.ly/version81

Den Download können Sie direkt auf dem S5 durchführen. Anschließend öffnen Sie die APK-Datei und installieren das Programm.

Auf der offiziellen Seite des Herstellers können Sie nun testen, ob die Installation funktioniert hat. Verwenden Sie den Firefox-Browser dazu.

http://www.adobe.com/de/software/flash/about/

Java wird auf Mobiltelefonen übrigens nicht unterstützt.

Dateimanager benutzen

Das Samsung Galaxy S5 hat zwar mit "Eigene Dateien" schon ein App vorinstalliert, mit der Sie Dateien direkt auf dem Speicher des Handys manipulieren können, also einen sogenannten Dateimanager. Ich empfehle jedoch zusätzlich den ES File Explorer (https://play.google.com/store/apps/details?id=com.estro ngs.android.pop), der mir schon viele gute Dienste geleistet hat, kostenlos ist und zudem nicht besonders kompliziert zu bedienen.

Mit einem Dateimanager bewegen Sie sich durch die Verzeichnis-Strukturen des Smartphones, die normalerweise von der bunten Oberfläche verdeckt werden. Der ES File Explorer greift außerdem auf Dateien im Netzwerk zu.

Zeitungsabos mit Zinio

Viele Zeitungen und Zeitschriften bieten Abos über den Marktplatz Zinio (https://play.google.com/store/apps/details?id=com.zinio.mobile.android.reader) an. Der ist unter anderem auf Apple- und Android-Geräten vertreten. Die App läuft manchmal ein wenig instabil, insbesondere, wenn Sie in den Kategorien nach interessanten Magazinen suchen. Ich würde deshalb empfehlen, lieber am Computer unter www.zinio.com nach interessanten Zeitschriften zu suchen.

Zinio ist besonders bei internationalen Publikationen eine gute Wahl. Hier bekommen Sie Newsweek, Forbes, Economist oder New Scientist schneller als an jedem Bahnhofskiosk. Doch auch für Deutschland ist das Angebot etwa mit Focus, Cicero, Vogue, GQ oder Geo nicht schlecht.

Hörbücher mit Audible

Amazon hat den Audible-Audiobookplayer auch auf Android übertragen. Die Audible-App (https://play.google.com/store/apps/details?id=com.audible.application) spielt Hörbücher aus dem gleichnamigen Marktplatz ab, der zu den größten weltweit gehört.

Kostenlose Kurzbotschaften mit WhatsApp

Beinahe ein Muss als SMS-Ergänzung oder gar -Ersatz ist WhatsApp. Die kleine App ermöglicht schnellen Informationsaustausch mit Nutzern weltweit. Hier ist sie zu bekommen:
https://play.google.com/store/apps/details?id=com.whatsapp

Akkulaufzeit erhöhen

Das Samsung Galaxy S5 hat durchaus noch Verbesserungsbedarf, was die Akkulaufzeit betrifft. Die meiste Energie genehmigt sich dabei der Bildschirm, mit recht großem Abstand gefolgt von der WiFi-Verbindung. Auch das Abspielen von Musik (und Video) trägt nicht unerheblich zum Stromverbrauch bei.

Um das Smartphone möglichst lange nutzen zu können, ist es deshalb sinnvoll, vor allem die Helligkeit des Bildschirms herunterzuregeln. Wird das WLAN nicht gebraucht, sollten Sie es abschalten. Das gilt auch für den Bluetooth-Funk.

Apps aus anderen Marktplätzen installieren

Ihr Handy hat zwar den riesigen Google-Play-Markt eingebaut, der schon über 800.000 Apps anbietet. Doch es kann trotzdem noch sinnvoll sein, sich anderswo umzusehen.

Für Schnäppchenjäger lohnenswert ist nämlich Amazons App-Shop, den Sie unter https://www.amazon.de/gp/feature.html?docId=1000644903 downloaden können. Hier gibt es täglich eine kostenpflichtige App umsonst. Ein Geschenk ohne Verpflichtungen – was will man mehr?

Sicherheit & Virenschutz

Wer bereits einen PC genutzt hat, kennt Programme, die den Datenverkehr überwachen (“Firewall”) und vor der Besiedlung des Geräts durch Viren schützen (“Antivirus”).

Auch unter Android machen sich allmählich Schädlinge aller Art breit.

Bei Tests sehr gut abgeschnitten hat als Gegenmittel die kostenlose App TrustGo (https://play.google.com/store/apps/details?id=com.trust go.mobile.security), die im Google-Play-Store verfügbar ist.

Kostenlos telefonieren

Der Internet-Telefonieanbieter Skype (https://play.google.com/store/apps/details?id=com.skyp e.raider) hat seine Software auch in einer Version für Android herausgebracht. Damit können Sie mit anderen Skype-Nutzern weltweit kostenlose Gespräche führen, auch mit Video. Die Auswahl der Gegenstellen ist damit weniger begrenzt als bei Samsungs eigenem Videodienst.

Fernsehen aus dem Netz

Ein echter Geheimtipp ist die kostenlose App "Schöner Fernsehen". Sie ist auf der Homepage des Herstellers zu bekommen: http://schoener-fernsehen.com/files/sf.apk

Damit können Sie viele deutsche und internationale TV-Sender direkt auf dem Handy empfangen. Laden Sie die App mit einer der oben beschriebenen Verfahrensweisen herunter und starten Sie sie. Das Programm braucht Flash. Wenn Sie Flash noch nicht installiert haben, können Sie das auch die App übernehmen lassen, indem Sie auf das kleine Icon mit dem "f" oben rechts klicken.

Zum Redaktionsschluss standen unter anderem diese Sender zur Verfügung:

ARD
ZDF
Arte
Diverse Dritte
Sat.1
ProSieben
Kabel1
DMAX
Eurosport
Nickelodeon
Tele5
ORF1
3SAT
KIKA
VIVA

Die App ist werbefinanziert. Die Bannereinblendungen können Sie für 50 Cent pro Monat deaktivieren.

Kostenlose Onlinespeicher

Sehr viele Firmen bieten Ihnen inzwischen kostenlose Datenspeicher in der Art von Dropbox.

Amazon Cloud Drive: 5 GB (als App verfügbar)
T-Online Mediencenter: 25 GB (App "Mediencenter" verfügbar)
Strato HiDrive: 5 GB (App "HiDrive" verfügbar)
Google Drive: 5 GB (App vorinstalliert)
Web.de Onlinespeicher: 2 GB (App "Online-Speicher" verfügbar)
SkyDrive: 7 GB (App "SkyDrive" verfügbar)
Dropbox: 50 GB (für Galaxy-S5-Besitzer, Verknüpfung zu Dropbox vorinstalliert)

Bluetooth-Tastatur nutzen

Externe Tastaturen, die per Bluetooth mit dem Smartphone kommunizieren, gibt es in den verschiedensten Modellen im Elektronikhandel oder bei Amazon. Das Handy erkennt diese zwar in der Regel, verwendet jedoch manchmal eine englische Tastaturbelegung. Y und Z sind getauscht, keine Umlaute – dieses Problem können Sie mit Hilfe der App "External Keyboard Helper Pro (https://play.google.com/store/apps/details?id=com.apedroid.hwkeyboardhelper)" lösen.

Sie bekommen die App für 2,26 Euro, es ist aber auch eine kostenlose Demo verfügbar. Installieren Sie die App, bevor Sie Ihre Bluetooth-Tastatur mit dem Smartphone verwenden. Dann wechseln Sie die Eingabemethode, indem Sie bei geöffneter Bildschirmtastatur länger auf die Leertaste drücken.

Tippen Sie oben "External Keyboard Helper Pro" an. In den Tastatureinstellungen müssen Sie zudem auf "German" umschalten, sonst wird gar nichts umgestellt.

Bei den "Erweiterten Einstellungen" der App sind zudem diese beiden Parameter wichtig: "Bluetooth-Tastatur erkennen" sollte aktiv sein, unter "Anwendungsmodus" wählen Sie am besten "Auswahldialog der Eingabemethoden anzeigen". Und, klar: Wenn Sie keine Bluetooth-Tastatur angeschlossen haben, müssen Sie die Eingabemethode wieder auf "Deutsch" zurückstellen, sonst erscheint keine Bildschirmtastatur.

Einen anderen Startbildschirm einrichten

Den Startbildschirm stellt unter Android der so genannte Launcher bereit. Es ist kein Problem, den vom Hersteller vorgesehenen Launcher gegen einen anderen auszutauschen, sei es der bloßen Optik wegen oder für andere Features. Einer der beliebtesten Launcher ist der Nova Launcher (https://play.google.com/store/apps/details?id=com.teslacoilsw.launcher), der kostenlos im Appstore zu haben ist.

Wenn Sie ihn installiert haben, lassen Sie das Programm über die rote Option Ihre Einstellungen des bisherigen Launchers importieren. Anschließend startet der Nova Launcher auch schon. Wenn Sie jetzt ein Programm öffnen und dieses wieder verlassen, fragt das Handy Sie, welchen Launcher es nutzen soll. Solange Sie sich nicht sicher sind, tippen Sie am besten auf "Nur einmal". Bei "Immer" entfällt die Abfrage ab sofort.

Tippen Sie nun länger auf den Bildschirm-Hintergrund, bis sich ein Menü öffnet. Daraus wählen Sie "Nova Aktionen", scrollen ganz nach unten und tippen dann auf "Nova Einstellungen". Dieses Menü bietet Ihnen die Möglichkeit, die Optik Ihres Home-Bildschirms in vielen Aspekten zu verändern.

Nicht zuletzt können Sie aber auch mit dem allerersten, rot unterlegten Menüpunkt den ursprünglichen Launcher wiederherstellen.

Den normalen Android-Startbildschirm einrichten

Ihr Handy soll lieber wie ein ganz normales Standard-Android-Smartphone aussehen? Dann installieren Sie wie eben beschrieben den Nova Launcher, rufen Sie seine Einstellungen auf, tippen Sie auf "Erscheinungsbild" und wählen Sie dann beim "Symbolthema" die Option "Original Jellybean".

Webseiten als PDF speichern

Nutzen Sie das Druckmenü im Internet-Browser, um Webseiten als PDF zu speichern. Dazu einfach im Kontextmenü "Drucken" auswählen – fertig.

Amazon-eBooks geschenkt

Speziell für Samsung-Handys liefert der Buchhändler Amazon eine eigene Version seiner Kindle-App. "Kindle für Samsung" bekommen Sie kostenlos über den Samsung-Appstore. Die App unterscheidet sich nicht von der normalen Android-App. Doch Samsung-Kunden bekommen einmal im Monat ein eBook geschenkt. Dabei legt Amazon eine Auswahl von vier eBooks vor, aus denen sich der Kunde eines aussuchen kann. Die Titel kommen meist von der Amazon-Tochter Amazon Crossing.

Das Handy mit Handschuhen oder Stift benutzen

Normalerweise reagiert das Touch-Display nur auf Eingaben mit dem Finger. Das kann im Winter unangenehm sein – und manch Nutzer kann vielleicht nicht gut genug zielen und würde lieber einen Stift nutzen. Kein Problem: Rufen Sie das Einstellungsmenü "Ton und Anzeige" -> "Anzeige" auf und setzen Sie einen Haken bei "Touch-Empfindlichkeit hoch".

Aber Vorsicht: der Stift sollte keine scharfkantige Spitze besitzen, um das Display nicht zu zerkratzen.

Das Galaxy S5 rooten

Das auf dem Galaxy S5 installierte Android-System ist kaum eingeschränkt. Einige (wenige) Möglichkeiten sind jedoch vor dem Nutzer verborgen und nur mit Vollzugriff auf das System verfügbar. Das ist mit einigen Nachteilen verbunden – zum Beispiel verweigert Samsung dann die Garantie.

Es gibt deshalb eine einfache Regel: Wenn Sie nicht wissen, was Sie mit Root-Zugriff anfangen können, sollten Sie auch darauf verzichten. Alle anderen finden hier eine ausführliche Anleitung:

http://bit.ly/s5_rooten

My Magazine ausschalten

Wer im Homescreen zu weit nach links wischt, landet im "My Magazine", das von der Flipboard-App befüllt wird. Mich nervt das eher, deshalb habe ich es ausgeschaltet. Das geht ganz leicht: Finger auf dem Homescreen zusammenziehen, "Startseiten-Einstellungen" wählen und dort das Häkchen bei "My Magazine" entfernen.

Nachricht per Blitz

Sie warten ganz besonders gespannt auf eine Nachricht und haben Angst, diese zu verpassen? Das S5 kann auch per Blitz neue Nachrichten signalisieren. Diese Option ist eigentlich für Schwerhörige gedacht. Sie finden sie deshalb im Einstellungsmenü unter "Personalisierung" -> "Eingabehilfe" -> "Hörbehinderung".

Gesprungenes Display austauschen

Ihnen ist das Handy heruntergefallen – und nun hat der Bildschirm einen Sprung? Mit etwas handwerklicher Geschicklichkeit und dem passenden Werkzeug können Sie das Display selbst austauschen. Eine Anleitung dazu finden Sie hier:

http://www.smartphonehilfe.de/samsung-galaxy-s5-display-reparatur-anleitung/

WLAN automatisch ausschalten

Wenn das WLAN-Funkmodul dauernd nach Netzen sucht, leert das schnell den Akku. Bringen Sie dem S5 deshalb bei, unterwegs (wenn eh kein WLAN-Empfang zu erwarten ist), nur auf Mobilfunk zu setzen, ohne dass Sie das WLAN manuell ausschalten müssen. Dazu aktivieren Sie im Einstellungmenü unter "WLAN" -> "Intelligenter Netzwechsel".

Leichter vom iPhone auf das Galaxy S5 umsteigen

Für Umsteiger von iOS hält Samsung eine spezielle App bereit. "Smart Switch", unter den "Galaxy Essentials" auf dem Homescreen zu finden, ist kostenlos. Es kann sich bei Apples iCloud anmelden und wichtige Daten von dort importieren, darunter Kontakte, Kalender, Memos, Anrufprotokolle, App-Listen und Lesezeichen. Alternativ können Sie auch eine Sicherung Ihres iOS-Handys mit iTunes vornehmen und die Sicherungsdatei einlesen.

Ein Wort noch zu den App-Listen: Apps für iOS sind nicht unter Android ausführbar. Die Smart-Switch-App macht Ihnen aber Vorschläge, welche Apps zu Ihren iOS-Apps passen würden, und führt Sie direkt zum jeweiligen PlayStore-Eintrag. Dabei unterteilt die App in “Übereinstimmungen” (identische Apps) und “Empfehlungen” (Apps, die zumindest thematisch passen).

Zur Übertragung von Musik- und Videodateien stellt Samsung ein PC-Programm bereit, das Sie unter www.samsung.com/smartswitch erhalten.

Die Knöpfe in der Übersicht

Ich habe die Funktion der verschiedenen Buttons zwar schon vorn beschrieben, hier aber noch eine kleine Übersicht:

Home (einmal) – Homescreen

Home (festhalten) – Google Now

Home (Doppelklick) – S Voice

Rechter Knopf (einmal) – Zurück

Rechter Knopf (festhalten) – Öffnet Mehrfenster-Anzeige, wenn unter “Einstellungen” -> “Ton und Anzeige” -> “Multi Window” aktiviert

Linker Knopf (einmal) – Programmliste

Linker Knopf (festhalten) – Einstellungs-Menü (Kontextmenü)

Schneller ins Einstellungsmenü

Statt die Benachrichtigungsleiste mit einem Finger nach unten zu ziehen, um dann das Zahnrad anzutippen, können Sie auch schneller ins Einstellungsmenü: Ziehen Sie einfach mit zwei Fingern von oben nach unten!

USB-Stick an das Galaxy S5 anschließen

Das S5 erlaubt auch die direkte Verwendung von USB-Sticks. Allerdings brauchen Sie dazu ein Adapterkabel, und zwar einen “USB OTG Adapter MicroUSB-Stecker Typ B auf USB-Buchse Typ A. Solche Adapter sind ab ca. 3 Euro im Handel.

Auf dem Galaxy S5 mit einem Xbox-360-Controller spielen

Das gleiche Adapterkabel wie für USB-Sticks können Sie auch nutzen, um einen Controller für Microsofts Xbox 360 am Galaxy S5 anzuschließen. Das funktioniert allerdings nur mit der Kabel-Version des Xbox-360-Controllers.

Die Tastatur auf dem Bildschirm verschieben

Bei der Texteingabe verdeckt die virtuelle Tastatur normalerweise einen Teil des Bildschirms. Wenn Ihnen das nicht passt, tippen Sie das Zahnrad-Symbol unten links länger an und wählen Sie dann das Symbol rechts unten, das eine schwebende Tastatur zeigt. Ab sofort wird das Keyboard schwebend (und kleiner) angezeigt. Das ist zur Einhandbedienung praktisch und erlaubt auch, die Tastatur irgendwo anders zu positionieren.

Der Tastatur Ihre Eigenarten beibringen

Die virtuelle Tastatur passt sich mit der Zeit Ihren eigenen Vorlieben an. Dabei versucht sie, aus all Ihren Eingaben und Korrekturen zu lernen. Das können Sie der Tastatur noch erleichtern. Tippen Sie dazu länger auf das Einstellungs-Icon unten links und wählen Sie dann das Zahnrad. Tippen Sie auf "Texterkennung". Nun haben Sie die Möglichkeit, der Tastatur Zugriff auf verschiedene Datenquellen zu geben, etwa Facebook oder Google Mail. Die Tastatur-App loggt sich dann dort ein und analysiert Ihren persönlichen Schreibstil – so passieren dann beim Tippen weniger Fehler.

Alternatives Passwort vergessen?

Wenn Sie Ihr alternatives Passwort mal vergessen haben, der Finger-Scanner aber noch zum Entsperren funktioniert, ist das kein Problem: Löschen Sie über den Fingerabdruck-Manager ("Einstellungen" -> "Personalisierung" -> "Finger-Scanner") all Ihre Fingerscans. Danach können Sie die Abdrücke neu anlegen – und auch ein neues alternatives Passwort vergeben.

Entsperren mit dem Daumen

Bei einhändiger Bedienung ist das Entsperren mit dem Abdruck des Zeigefingers unmöglich, da dieser ja senkrecht geführt werden muss. Besser funktioniert es mit dem Daumen: Scannen Sie diesen schon so ein, dass Sie das Handy mit einer Hand festhalten, also leicht schräg. Der Abdruck wird trotzdem erfasst und die Erkennung funktioniert nach meiner Erfahrung gut.

Wo versteckt sich bloß diese Einstellung?

Das Galaxy S5 hat über 100 Einstellmenüs. Bevor Sie lange nach einer bestimmten Einstellung suchen, können Sie auch die Suchfunktion benutzen. Das Lupen-Icon sehen Sie direkt neben der Überschrift “Einstellungen”.

Ruhe, bitte!

Das dauernde Vibrieren nervt Sie? Statt über das Einstellungsmenü können Sie die Klingel- und Nachrichten-Optionen auch über die Einschalttaste regeln. Drücken Sie länger darauf, erscheint ein Menü mit diesen Möglichkeiten:

Ausschalten

Offline-Modus (für das Flugzeug)

Neustart (hilft, wenn das Gerät mal hängt)

Notfallmodus (Gerät spart maximal Akkuladung, die meisten Apps werden deaktiviert)

Lautlos / Vibrieren / Ton (je nach Bedarf)

Systemstart beschleunigen

Mit der Zeit (und der Anzahl eigener Apps) wird das Galaxy S5 langsamer starten, weil immer mehr Anwendungen in der Autostart-Liste stehen. Diese können Sie mit der kostenlosen (weil werbefinanzierten) App Startup Manager (Free) aus dem Play Store einsehen und bearbeiten. Im Bereich “User” zeigt sie von Ihnen intallierte Apps, unter “System” listet sie Systemkomponenten (Vorsicht bei Änderungen hier).

Geheime Telefon-Codes

Bei vielen Handys lassen sich über so genannte USSD-Codes interne Funktionen für Test- und Service-Zwecke aufrufen. So auch beim S5. Diese fünf Codes sind ungefährlich und funktionieren auf dem S5:

*#06# Zeigt die IMEI-Nummer (eindeutige ID des Handys)

#0# Testmenü für verschiedene Funktionen, etwa Infrarot-Sender

*#1234# Details zu Soft- und Hardware

*#2222# Hardware-Version

*#0011# Status des Mobilfunknetzes

Dateien vor anderen Nutzern verstecken

Wenn Sie Ihr Handy auch manchmal in andere Hände geben, sollten Sie unter Umständen bestimmte Dateien verstecken. Dazu ist der "private Modus" gedacht, den Sie unter ""Einstellungen" -> "Personalisierung" aktivieren. Er funktioniert in den Apps Galerie, Video, Musik, Diktiergerät und Eigene Dateien. Inhalte darin lassen sich per Muster, PIN, Fingerabdruck oder Passwort entsperren.

Falls Sie PIN oder Passwort allerdings vergessen, müssen Sie das Handy zurücksetzen und über Ihren Google-Account wiederherstellen (hoffentlich haben Sie es gesichert!)

Handy aus der Ferne sperren

Damit ein eventueller Dieb nicht endlos von Ihrem Gerät profitiert, hat Samsung "Find my Mobile" eingerichtet. Damit der Dienst funktioniert, brauchen Sie ein Google- und ein Samsung-Konto. So schalten Sie ihn ein: Öffnen Sie das Menü "Einstellungen" -> "System" -> "Sicherheit". Aktivieren Sie „Fernzugriff" – dazu brauchen Sie das Kennwort Ihres Samsung-Kontos.

Außerdem empfiehlt es sich auch hier die "Reaktivierungssperre" zu setzen, damit der Dieb nicht einfach das Samsung Galaxy S5 zurücksetzen kann, um die Funktion auszuschalten. Bei gesetzter Reaktivierungssperre bleibt die interne ID (IMEI) des Geräts fest an ein bestimmtes Samsung-Konto gebunden. Ohne das Passwort dafür zu kennen, kann niemand das Handy zurücksetzen und auf eigenen Namen neu registrieren.

Den Ortungs-Dienst rufen Sie hier auf:
http://findmymobile.samsung.com

Auf der Website dürfen Sie dann unter anderem das Handy orten, es sperren, die Anrufliste einsehen, den Notfallmodus aktivieren oder alle Daten löschen. Außerdem können Sie bis zu drei "Schutzengel" eintragen: Dabei handelt es sich um andere Nutzer (mit Samsung-Konto), die ebenfalls den Notfallmodus des Handys einschalten dürfen.

Das Galaxy S5 für Kinder

Auf dem Homescreen ist der Kindermodus zwar bereits vorinstalliert, doch trotzdem ist zuerst ein längerer Download fällig. Danach wacht ein grüner Dinosaurier über alles, was Ihre Kinder auf dem Gerät vorhaben. Ein paar typische Kinder-Anwendungen (Zeichenprogramm etc.) sind enthalten. An Ihnen ist es, im ersten Schritt den Zugriff auf bestimmte Apps und Medien freizugeben beziehungsweise zu verbieten. Gesichert wird das ganze über eine vierstellige PIN und ein alternatives Passwort.

Impressum

Alle Rechte liegen beim Autor, Matthias Matting, Sieglgut 51, 94034 Passau.

www.smartphone-handbuch.de

www.facebook.de/SmartphoneHandbuch

Cover: Tanja Grubisic

4069869R00116

Printed in Germany
by Amazon Distribution
GmbH, Leipzig